STING

Die Musik eines Rockstars

Eine Betrachtung von Christian Jahl

Christian Jahl

STING

Die Musik eines Rockstars

ibidem-Verlag
Stuttgart

Bibliografische Information Der Deutschen Bibliothek

Die Deutsche Bibliothek verzeichnet diese Publikation in der Deutschen Nationalbibliografie; detaillierte bibliografische Daten sind im Internet über <http://dnb.ddb.de> abrufbar.

∞

Gedruckt auf alterungsbeständigem, säurefreien Papier
Printed on acid-free paper

ISBN: 3-89821-317-X

Printed in Germany

Vorwort

Die vorliegende Betrachtung soll die Aspekte der verschiedenen Stilrichtungen in der Musik des britischen Sängers Sting darstellen. Ziel der Arbeit soll vor allem eine zeitgemäße Berabeitung des Themas sein, die sowohl in technischer als harmonischer Hinsicht die Anforderungen der Popmusik im neuen 21. Jahrhundert näher bringen soll. An dieser Stelle möchte ich mich in erster Linie bei Dr. Wolfgang Voigt bedanken, der durch ständige Diskussionsbereitschaft immer ein offenes Ohr für Probleme und Fragen meinerseits hatte. Desweiteren gilt mein besonderer Dank Ansgar Jerrentrupp, der mir durch Gespräche und zur Verfügungstellung seiner nicht mehr erhältlichen Veröffentlichungen neue Anregungen geliefert hat.

Dank möchte ich auch allen befreundeten Musikern sagen, die mir immer mit neuen Erkenntnissen und Einsichten geholfen haben. Allen voran Daniel Guthausen, der mir bei den Schlagzeugtranskriptionen mit Rat und Tat zur Seite stand, Christof Kugel für sein Wissen bezüglich technischer Fragen und Jörg Hamers für seine Hilfe bei der Klärung der Fragen der Basstechnik.

Inhalt

Zweiter Teil

1. Einleitung

1.1 Kurze Darstellung der Popgeschichte

Im Jahr 2003 blickt die Popmusik auf eine fast fünf Jahrzehnte dauernde Geschichte zurück. Sie erlebte ihren weltweiten Durchbruch im Jahre 1955 mit Bill Haleys Hit *Rock around the clock* und Elvis Presley. Mit diesen beiden Künstlern bekam die Jugend der Welt ein Jahrzehnt nach dem 2. Weltkrieg ihre neuen Idole, in die sie ihre Träume und Wünsche projezieren konnte. Pop- und Rockmusik begannen ihren erfolgreichen Siegeszug um den gesamten Globus und ließen Stars und Sternchen am Himmel des Showbusiness aufsteigen. Vor allem England und Amerika lieferten die neuen Protagonisten für die Bühne auf der die neue Musik gespielt wurde. Es kamen Buddy Holly, die Beatles, die Rolling Stones, Jimi Hendrix, The Doors, Cream oder Janis Joplin. Sie und hunderte weitere Künstler wurden zu Galleonsfiguren einer Musikbewegung, die auch erheblichen Einfluß auf die geistige Einstellung von Generationen hatte. In den 60´er Jahren half sie der Jugend sich gegen Traditionen und den Vietnamkrieg aufzulehnen, sie wurde praktisch zur Begleitmusik für die Frauenbewegung, den Pazifismus, für die Emanzipation der Jugend und den inneren Wandel einer ganzen Generation, die sich für eine Zeit Love and Peace auf ihre Fahnen schrieb. In den 70´er Jahren unterstrich Popmusik zusehends das Lebensgefühl der Menschen. Die gängige Bezeichnung *„Die wilden 70´er "* fanden auch in der Popmusik ihren Niederschlag. Hard Rock gewann an Bedeutung, während sich die Gesellschaft stark veränderte. Terror und Gewalt der extremen Linken fanden ihren Höhepunkt in diesem Jahrzehnt, das somit ideologisch einen Gegenpol zu den 60´ern bildete. Der Weg der Gewalt schien dieser Generation der einzige Weg zu sein, Ziele und Veränderungen durchzusetzen. Auch musikalisch zeigt sich dieser starke Drang nach Veränderung. Das, was noch in den 50´er und 60´er Jahren Pop und Rock war, verkam in den 70´er Jahren immer mehr zu einer Komödie, deren Hauptdarsteller reicher, träger und älter wurden. In dieser Situation des Überdrüssigseins alter Strukturen, sowohl in der Popmusik, als auch im gesellschaftlichen Leben, entstand der Punk in London. Punk war Protest gegen das normale und gesetzte Leben, und hauchte den Jugendlichen, wie 20 Jahre zuvor Elvis, neues Leben ein. Die Punkgeneration legte keinen Wert auf Geld, ein geordnetes Leben und vor allem nicht auf eine Zukunft. Verunsichert durch Rezession und falsche politische Entwicklungen, wie beispielsweise das weitere Voranschreiten der Atomindustrie, wurde diese Einstellung begünstigt. Als Konsequenz dieser Entwicklung wurde die Musik dreckig und frech, sie legte auf Gefühl und Kunst keinen Wert mehr. Was zählte waren Tempo und Lautstärke: man wollte schockieren. Es war auch nicht mehr nötig ein Instrument spielen zu können, solange man nur etwas auf einer Gitarre oder einem Bass zustande brachte, konnte man schon in einer Band spielen und vielleicht sogar eine Karriere machen. Mit dieser Punkbewegung und ihren Stars wie den Sex Pistols oder The Clash, hat die Popmusik ihre letzte große Revolution und ihre letzte echte Bewegung erfahren. In den 80´er Jahren folgte zwar in den USA Rap und erster Hip Hop, der auch gesellschaftspolitische Probleme aufgriff, aber damit nicht eine so starke Wirkung erzielte, wie dies noch der Punk schaffte. Durch Rap und Hip Hop hat sich jedoch eine andere Veränderung ergeben: Die festen Stilistiken fingen an sich aufzulösen. Gab es einschließlich bis zum Punk noch klare Trends, die auch musikalisch immer in eine mehr oder weniger klare Richtung wiesen, beispielsweise Beat und Psychedelic in den 60´er, Hard Rock oder Disco in den 70´er Jahren, so begannen sich ab den 80´er Jahren die Stilistiken immer mehr zu mischen. Diese Entwicklung hat ihren Höhepunkt in den 90´er Jahren und der jüngsten Gegenwart gefunden. Heutzutage bedient man sich nach Belieben in der umfangreichen Geschichte der Popmusik: Es wird Hard Rock mit Hip Hop vermischt, Schlager mit Rockelementen hitparadentauglich gemacht oder der rhythmisch orientierte Hip Hop wird durch Einsatz von Gitarren oder Gesang melodiöser gemacht. Einzelne Stilistiken gibt es heute nur noch als sogenannte Nischenmusik, für die es immer mehr eigene Plattenfirmen gibt, Plattenfirmen, die sich beispielsweise nur auf Akustikgitarrenmusik oder Instrumentalmusik spezialisiert haben. Dadurch bleiben solche Musikformen natürlich erhalten, finden aber nicht mehr so breiten Zulauf, da sie nur schwer mit den großen Firmen und Stars konkurrieren können. Durch diese Entwicklung hat sich eine immer stärker werdende Schnellebigkeit und Eintönigkeit im Popbusiness entwickelt, die erstaunlicherweise Parallelen zu der gesellschaftlichen

Entwicklung aufweist. Gab es zu der Zeit des Punk oder der Hippiebewegung den klaren Kampf der Linken gegen die Rechte, gegen den Vietnamkrieg oder die Atomindustrie, so sind diese Richtungen heute verwässert und immer weniger einflußreich. Die alten Normen und „*Feindbilder*" scheinen, vor allem durch das Scheitern des Kommunismus, aufgelöst und jeder bedient sich in den Idiologie- und Geschichtregalen wie es ihm beliebt. Eine ähnliche Auflösung gibt es auch bei den Stilen der populären Musik. Begriffe wie *Rock, Pop* oder *Punk* haben ihre ausschließliche Gültigkeit fast verloren und dienen meist als Elemente oder Stichwortgeber in einem Macrokosmos aus Boygroups, Teeniestars, DJ's, Dance Acts oder Hardcore Bands, der kaum noch übersehbar ist. Ihre Bestandteile werden bruchstückhaft miteinander verbunden und erscheinen in neuem Gewand. Dirk Budde formuliert es so, daß das *Nacheinander* der Stile populärer Musik in den 90'er Jahren in ein *Nebeneinander* übergegangen ist[1]. Dieses *Nebeneinander* macht es für Künstler in der heutigen Zeit ungleich schwieriger, ihre eigene musikalische Sprache und Identität zu finden und zu bewahren. Diesen Gegebenheiten und schnellen Veränderungen künstlerisch standhalten zu können, ist für einen Künstler enorm schwierig. Somit hat sich die Pop- und Rockmusik in ihrer Geschichte stark verändert und viel von ihrer Ursprünglichkeit eingebüßt, da sie immer mehr von wirtschaftlichen Aspekten dominiert wird.

1.2 Der Künstler Sting

Eine Künstler, der sich erfolgreich diesen Umständen und Veränderungen immer wieder stellt, ist der englische Musiker und Komponist Sting. Seine Karriere begann im London der Punk-Zeit in den späten siebziger Jahren als Sänger und Bassist der äußerst erfolgreichen Rock-Band The Police. Nach The Police folgte die Zeit als Solokünstler, in der Sting eine erstaunliche künstlerische Entwicklung durchlaufen hat, die bis heute nicht abgeschlossen scheint. Sting ist auch mit über 50 Jahren, für Rockstars eher ein Alter in dem die künstlerische Entwicklung längst beendet ist, immer noch auf einem erstaunlich hohen Niveau kreativ, hungrig nach neuen Einflüßen und

---

[1] **Vgl. Budde, Dirk**, *Stil und Stilbegriff in populärer Musik*, in: Populäre Musik, Politik und mehr. Ein Forschungsmedley, Hrsg. Rösing, Helmut, Phlebs, Thomas, CODA Musikservice Verlag, Karben, 1998, S.24.

lernbegierig. Wie das im September 1999 veröffentlichte Album *Brand new day* beispielsweise mit Neuem überrascht. Die Singleauskopplung *Desert Rose* enthält musikalisch wie textlich arabische Elemente, was für die Single eines englischen Rockstars ungewöhnlich ist. Auch die aktuelle Zusammenarbeit mit dem neuen Singer/ Songwriter-Star Graig David, mit dem Sting eine Single im Duett eingesungen hat, zeigt seine Verbindung zu den jeweilig aktuellen Einflüßen in der Musik. Es scheint, als sei genau dies eine der Triebfedern in Stings Schaffen: Erlernen und Adaptieren neuer, andersartiger Musik. Sting sagt dies auch selber: *„[...] Aber mein Hauptinteresse galt immer einer Musik, bei der nicht so sehr der Stil oder die Art und Weise, wie ich aussehe, ausschlaggebend sind. Ich habe mich immer als Musiker verstanden, der nicht einem bestimmten Trend angehörte. Ich habe mich immer in einem weiter gefassten Kontext gesehen. Daran hat sich bis heute nichts geändert."*[2] Hierin ist auch sicher ein Grund für seine ungeminderte Popularität zu sehen. Denn er hat damit die oben genannte Schwierigkeit des Nebeneinander der Stile unter Kontrolle. Ob Reggae, Punk, Rock, Klassik, Jazz, Französisches Chanson oder lateinamerikanische Musik, mit seiner musikalisch und geistig offenen Gesinnung ist Sting in der Lage, sein Publikum immer wieder neu für sich zu gewinnen und mit der Zeit zu gehen, ohne dabei jedoch die eigene Identität zu verlieren. Ein weiterer gewichtiger Punkt in Stings Kompositionen ist die für einen Rockmusiker ungewöhnlich tiefe Bewunderung für Jazz. Gordon Sumner, so der bürgerliche Name von Sting, hat nie ein Geheimnis daraus gemacht, daß er am liebsten Jazz spielen würde. So hat er mit namhaften Jazzmusikern im Jahre 1985 eine Band gegründet und mit ihnen erfolgreich Tourneen vor einem Pop-Publikum absolviert. Dadurch hat er es geschafft, ein sehr breites Publikum für Jazz zu begeistern, oder zumindest Berührungsängste abzubauen, die ja häufig zwischen Jazz- und Pophörern bestehen. Dies findet auch Niederschlag in den Kompositionen und der Spielweise. Hier ist die erste Solo LP aus dem Jahr 1985 *Dream of the blue turtles* zu nennen, bei der Musiker wie der Jazzsaxophonist Brandford Marsalis oder der Pianist Kenny Kirkland mitgespielt haben. Diese Platte ist bis heute ein gutes Beispiel dafür, wie es möglich sein kann, Jazz auch in der Rock-Popmusik einzubauen. Von dieser

[2] **Sting, in**: Scholz, Martin, *Der Punk der frühen Jahre*, in: Rolling Stone, DRS Verlag Worldwide Music Management, Hamburg, 1999, S.53.

Tatsache ausgehend, auch unter Berücksichtigung seiner Offenheit gegenüber den verschiedensten Musikrichtungen scheint es die Musik von Sting wert zu sein, genauer und tiefgehender betrachtet zu werden.

Ziel dieser Arbeit ist, darzustellen, wie in der Musik von Sting verschiedene Stilrichtungen miteinander verbunden werden und dadurch die engen Grenzen innerhalb des Popsongs, die sich aus den oft starren Hörgewohnheiten des Publikums und den wirtschaftlichen Aspekten der Musikindustrie ergeben, nicht gesprengt, aber erheblich verschoben werden. Wichtig werden in diesem Zusammenhang auch die Aspekte der Literatur und Politik sein. Zeigen Stings Texte doch viele Parallelen zu Werken der Literatur und den zeitpolitischen Gegebenheiten. Als Stichwort seien hier nur die Werke des Psychotherapeuten Carl Gustav Jung genannt, mit dessen Synchronizitätslehre sich Sting ausgiebig befaßt hat. Nicht minder wichtig ist in den 80'er Jahren sein Engagement in der Umweltpolitik für den brasilianischen Regenwald und Amnesty International. Dieses Engagement ist bedeutsam für die Musik und mit ihr untrennbar verbunden.

Es gilt also den langen musikalischen Weg eines Künstlers aufzuzeigen, der ein Kind seiner Zeit ist und dessen Leben immer stark von den jeweiligen zeitpolitischen und gesellschaftlichen Umständen beeinflußt wurde, seien es nun die 60'er Jahre mit den Beatles und, auf der Jazz- Seite, Miles Davis oder die 80'er Jahre, in denen sich der Weltstar Sting den gesellschaftlichen und umweltpolitischen Problemen seiner Zeit stellt.

2. Zur Biographie von Sting

2.1 Ein Junge aus Newcastle

„In the fifties, it was still virtually a company town. You either worked for Hunter's, or someone in your family did... Hundreds of men cycling downhill to the yard. And pushing their bikes uphill again a night. Up and down like a tide. Somehow everything in Wallsend reminded you of the sea.“[3] Dieses Zitat eines Shipwrights (dt.: *Schiffbauer*) beschreibt die Atmosphäre in Newcastle, der

[3] **Forin, Len, in**: Sandford, Christropher, STING-*Demolition man*, Little, Brown and Company, London, 1998, S.9.

nördlichsten Industriestadt Englands, in der am zweiten Oktober 1951 Gordon Matthew Sumner als erstes von vier Kindern des Ehepaars Ernest und Audrey Sumner auf die Welt kam. Ernest war von Beruf Milchmann und lebte mit seiner Familie im Stadtteil Wallsend. In diesem Stadtteil gab es Eisen und Metallfabriken, in denen zu jener Zeit Tag und Nacht gearbeitet wurde und in dem man noch den kalten Atem des Krieges und der schwierigen 40'er Jahre spüren konnte. Es war eine zwiespältige Welt, in die Gordon Sumner, alias Sting hineingeboren wurde. Auf der einen Seite war sie gekennzeichnet durch die Nachkriegszeit und das harte Leben in einer Industriestadt. Anderseits gab es aber auch Grund zur Hoffnung, denn in England änderte sich zu Beginn der 50'er Jahre die Situation der Arbeiter grundlegend. Es wurde ein neues Versicherungssysstem installiert, welches den Menschen mehr Sicherheit geben sollte, das Bildungssystem wurde reformiert und neue Arbeitsplätze entstanden in der Öl- und Strombranche. Die Wirtschaft Englands begann langsam zu prosperieren.[4]

Die Ehe der Sumners war keine sehr gute. Ernie war ein typischer Vater aus dem Norden Englands, streng, hart und rüde in seinem Umgang. Audrey war das Gegenteil ihres Mannes. Sie war eine exzentrische Dame und liebte den Luxus im Rahmen der ihr zur Verfügung stehenden Mittel. Diese unterschiedlichen Charaktere der beiden Ehepartner sorgten immer wieder für Zündstoff, was auf den kleinen Gordon starke Auswirkungen hatte. Er war ein sensibler kleiner Junge, der durch die vielen Streitigkeiten seiner Eltern unter Angstzuständen litt, der viel nachdachte, über seine Familie, ihr Leben und über die Zukunft. Eigenen Aussagen nach hatte er Angst, von der Familie und Freunden verlassen zu werden. *„Most of my life has been spent in a state of anxiety.“*[5]

Die Ängste hatten so großen Einfluß auf Sting, daß sie sich durch sein ganzes Leben zu einem konstanten Zustand manifestierten. Ähnliche Kommentare gibt es auch von anderen Rockmusikern, die in ihrer Kindheit oder Jugend durch Lebensumstände oder Schicksalsschläge Angstkomplexe aufgebaut haben. Als Beispiel sei hier John Lennon von den Beatles genannt. Auch in seiner Biographie und Musik taucht immer wieder das Bild vom Verlassenwerden und der Einsamkeit auf. Bei Lennon hatten diese Ängste jedoch einen deutlicheren

---

[4] Vgl. Ebd., S.13f.

[5] Sting, in: Ebd., S.17.

Auslöser, nämlich zum einen die Trennung seines Vaters von der Familie und zum anderen der Tod seiner Mutter Julia, den er oft in seinen Liedern verarbeitet hat. Durch diese Ängste und Geschehnisse war Lennon Zeit seiner Jugend ein Außenseiter, der von seinen Schulkameraden und Lehrern immer als seltsamer und schwieriger Typ beschrieben wurde. Er las viel und schrieb Geschichten, die er aber niemandem zu lesen gab. Alan Posener berichtet über John Lennon: „Der einsame Junge wurde ein eifriger Leser, der besonders gern in die Phantasiewelt der Lewis Caroll entfloh. Lennon: *„Ich las Alice im Wunderland mit Leidenschaft und malte alle die Charaktere. Ich machte Gedichte im Stil des „Jabberwocky". Ich habe „Alice" förmlich gelebt, und „William". Ich schrieb meine eigenen „William"-Geschichten, in denen ich die ganzen Sachen machte."*[6] Auch über Sting gibt es solche Berichte: *„He was an avid reader and wolfed down Ivanhoe and Treasure Island with the same zeal as his food. The adventures stuck with him and became both a fantasy and escaape route from his family."*[7]

Bei Sting, ebenso wie bei Lennon, haben diese frühen Gefühle von Einsamkeit und Andersartigkeit enormen Einfluß auf das künftige Leben und vor allem auf ihre Kunst. Einsamkeit und Alleinsein werden zu dominierenden Themen und Themenkomplexen, auf denen Stings Lieder fast ausschließlich basieren. Wie viele Teenager in den 50'er und 60'er Jahren entdeckt Sting mit ungefähr neun oder zehn Jahren die Rock-Musik. Langsam beginnt er alte Hits des bekannten amerikanischen Plattenlabels Motown Records auf der alten Gitarre eines Onkel nachzuspielen. Und wie auch bei John Lennon bemerkt dies die Mutter und fördert ihn. Sie bezahlt für ihren Sohn mit ihrem knapp bemessenen Budget teure Musikstunden bei einem bekannten Musiklehrer Newcastles. Doch diese Bemühungen fruchten nicht, da Sting ein eigenes Verständnis vom Musikmachen herausbildet.

Frustiert beendet er den Unterricht schnell und bildet sich fortan autodidaktisch weiter. In der Schule entwickelte er sich in den 60'er Jahren zu einem zwiespältigen Charakter, mit dem keiner so recht etwas anfangen konnte. Auf der einen Seite war er ein fleißiger Schüler, der gute Noten nach Hause brachte

---

[6] **Posener, Alan**, *Lennon John*, Hrsg. Naumann, Uwe, Rowohlt Taschenbuch Verlag GmbH, Hamburg, 1987, S.14.

[7] **Sandford, Christopher**, STING-*Demolition man*, Little, Brown and Company, London, 1998, S.18.

und Erfolge in der Leichathletik als Hundertmeter-Champion feierte. Doch er hatte keine wirklichen Freunde. Sein Ruf war der eines einsamen Wolfes, der viel liest, und bisweilen mit einem sehr hitzigen Temperament reagierte. Während seiner Pubertät schreibt er viele Geschichten über seine Schule, führt Tagebuch und entdeckt die Musik immer mehr für sich. Soul-Music hatte in dieser Phase sehr viel Bedeutung für ihn, mit Künstlern wie Sam and Dave oder Percy Sledge. Ebenso wichtig waren die Beatles und Bob Dylan. „*[...] That was burnt into my brain at fifteen or sixteen, and it's always been there.*"[8] Die große Initialzündung kam jedoch durch einen Konzertbesuch im berühmten Club Á Go Go. Diesen Club besuchte Sting während der Pubertät regelmäßig und genoß dort die Freiheiten dieser Zeit. Am 10. März 1967 spielte dort ein Künstler, der die 60'er Jahre wie kaum ein anderer mitgeprägt hat und heute mit den Beatles in einem Atemzug genannt wird: *Jimi Hendrix*. Der wohl bis heute einflußreichste Rock-Gitarrist, der auch maßgeblichen Einfluß auf die Entwicklung von Miles Davis' Musik genommen hat, beeindruckte ihn derartig, daß er noch heute von diesem Konzert spricht und mehr als einmal Hendrix-Stücke gecovert hat. Im Jahre 1969 spielt Gordon Sumner dann erstmals mit einem Freund in einem Akustik-Duo, das bei Geburtstagen und kleinen Tanzveranstaltungen auftritt. In diesen Jahren weckte auch der Jazz Stings Interessse, vor allem Charlie Mingus, Thelonious Monk und auch Miles Davis, dessen Jazz-Rock Platte *Bitches Brew* aus dem Jahre 1969 ein großer kommerzieller Erfolg wurde. Zu diesem Zeitpunkt begann er, hart zu arbeiten. Er wechselte von der Gitarre zum Bass als Hauptinstrument, beendete die Schule und entschied sich für eine Ausbildung als Lehrer. Hier kamen seine Interessen für Literatur und Geschichte zum Tragen. Doch die Notwendigkeit, etwas Sinnvolles zu tun, war wohl eher ausschlaggebend. Während seines Studiums und seiner Lehrerzeit in Newcastle hatte er seine Feuertaufe als Musiker. Er spielte in der New Castle Big Band, bei Phönix und in dem Duo Earthrise mit Gerry Richardson. In dieser Zeit wurde der Grundstein für sein Können und seine Disziplin als Musiker gelegt. Denn er spielte mit Berufsmusikern zusammen und mußte viel arbeiten und üben, um seine Schwächen als Amateur auszugleichen.[9] Zu dieser Zeit wurde aus Gordon

[8] **Sting, in**: Sandford, Christopher, STING-*Demolition man*, Little, Brown and Company, London, 1998, S. 27.
[9] **Vgl. Bronson, Marsha**, *Sting*, Exley Publications, Watford, 1993, S.12 f.

Sumner auch Sting. Denn er trug damals immer einen schwarz-gelb gestreiften Pullover, der seine Mitmusiker darauf brachte, ihn Sting zu nennen, da er sie an einen Bienenstachel erinnerte.

2.2 Die Band Last Exit

Das Jahr 1974 wurde zu einem sehr wichtigen in Stings Leben als Künstler. Mit Gerry Richardson gründete er die Band *Last Exit.* Der Name der Band rührt von der Autobahnausfahrt nach Newcastle her, diese Ausfahrt hieß Last exit. Diese Band war ein echtes Kind ihrer Zeit. Jazz-Rock und Fusion waren auf dem Vormarsch und Bands wie *Mahavishnu Orchestra* und *Weather Report* tauchten auf mit Musikern wie dem schottischen Gitarristen John Mc Laughlin, mit dem Sting ein Vierteljahrhundert später zusammen spielen sollte. *Last Exit* bewegten sich musikalisch auch in diese Richtung. Mit einem Line up aus erfahrenen Musikern begannen sie Jazz-Rock zu spielen. Den Aussagen des Saxophonisten Cormac Loane zu Folge war die Band eine Einheit, bei der keiner versuchte, sich in den Vordergrund zu spielen.[10] Sting trat hier zum ersten Mal als Frontmann und Sänger in Erscheinung. Er schrieb die meisten Songs und legte großen Wert auf das Komponieren, denn das lange Üben und Arbeiten begannen sich langsam auszuzahlen. Auf der Bühne war er der Star von *Last Exit.* Die Band nahm ein Demoband mit neun Stücken auf, von denen fünf aus Stings Feder stammten. Probleme bereitete jedoch Stings Stimme, die sehr dünn und brüchig war. Trotzdem sollte *Last Exit* 1975 auf dem Jazz Festival im spanischen San Sebastian spielen. Die Band nahm das Angebot an. Die Reise wurde zu einem Desaster, da zwei der Roadies mit dem Bandtransporter verschwanden und die Band so in Spanien fest saß. Trotzdem wurden die Auftritte zu einem Erfolg. *Last Exit* spielte vor mehr als 3000 Menschen und schnupperte zum ersten Mal am Ruhm. Zurück in Newcastle waren sie aber nach wie vor die kleine Band aus Freizeitmusikern, die den großen Sprung nicht schafften. Sting fing an sich zu fragen, ob er ein echter Musiker war oder nur ein Lehrer, der in seiner Freizeit mit ein paar Freunden Musik machte, denn er hatte zu der Zeit, also 1975/76 schon viele gute Stücke geschrieben, unter denen vier seiner späteren Hits waren: *So lonely, Don't stand so close to me, Bring on the night* und *Every little thing she does is magic.* Er war an einem Punkt in seinem Leben angelangt, an dem er eine Entscheidung treffen mußte. Wollte er wirklich eine Karriere als Musiker oder doch ein sicheres Leben als Lehrer in einer englischen Industriestadt?

An diesem Punkt half ihm seine damalige Freundin Francis Tomelty. Er lernte sie 1974 bei einem *Last Exit*-Auftritt kennen,[11] Tomelty wurde für Sting äußerst wichtig: Sie heiratete ihn nicht nur im Jahre 1976, sondern sie lehrte ihn auch, wie er sich auf der Bühne zu bewegen hatte. Als Schauspielerin wußte sie, worauf es ankam, wenn man auf der Bühne steht. Sie übernahm auch seine Promotion, auch wenn es die zu diesem Zeitpunkt nur in geringen Maße gab. Aber sie konnte durch ihre Kontakte als Schauspielerin auch Verbindungen für Sting knüpfen. Ein Mitglied der Band *Last Exit*, die Sting 1976 verließ, erinnert sich: *„[...] a whole oasis sprang up for him that a year earlier had been a desert. He owed her everything.“*[12] Als Sting dann durch ihre Hilfe mit der damals noch neuen Plattenfirma Virgin einen Vertrag als Songschreiber bekam, der noch nicht viel, aber immerhin ein Anfang war, kündigte er von einem Tag auf den anderen seinen Job, verließ *Last Exit* und seine Heimat Newcastle, die in so vielen folgenden Stücken eine sehr große Rolle spielen sollte und die er nie, trotz seines gespaltenen Verhältnisses zu ihr, vollkommen verdrängen konnte. Im Geiste war Newcastle immer da.

Der einsame und etwas seltsame Junge aus Newcastle machte sich im Jahre 1976 also auf den Weg in das ferne und pulsierende London. Mit dabei waren seine Frau und der gerade geborene Sohn Joe. Sie blickten einer ungewissen Zukunft entgegen, deren Basis ein paar Songs und viele unklare Ideen waren. Doch seine Entscheidung stand fest, zumal in London gerade die Sexpistols und mit ihnen der Punk durchbrachen. Auch Bob Marley und der Reggae machten sich auf, London und die Welt zu erobern. Sting wollte dabei sein.

---

[10] **Vgl. Sandford, Christopher**, STING-*Demolition man*, Little, Brown and Company, London, 1998, S.34.

[11] **Vgl. Bronson, Marsha**, *Sting*, Exley Publication, Watford, 1993, S.12.

[12] **Hedley, John, in**: Sandford, Christopher, STING-*Demolotion man*, Little, Brown and Company, London, 1998, S. 43.

3. Der Aufstieg mit *The Police*

3.1 Ein anderer Stil

Mit der Band The Police begann dann auch der unaufhaltsame Aufstieg zum Rock- und Weltstar. The Police war ein Trio bestehend aus dem Bassisten Sting, dem Gitarristen Andy Summers und dem Schlagzeuger Stewart Copeland. Ungewöhnlich für diese Band war die Schnelligkeit, mit der ihr Aufstieg vonstatten ging. Innerhalb von nur eineinhalb Jahren schafften es die Londoner Musiker, aus einem Meer von Bands herauszutreten und die Höhen der Charts auf der ganzen Welt zu erobern. Die Lieder von dieser Band, welche fast alle von Sting geschrieben wurden, hatten eine besondere, neuartige Atmosphäre. Auffällig war zunächst die hohe, sehr klare Gesangstimme von Sting. Verglichen mit den anderen Bands und Stars der ausgehenden 70'er Jahre klang sie eher ungewöhnlich.

Am 13. Januar 1978 begannen die Aufnahmen zu der ersten Police-Platte mit dem Titel *Outlandos D'Amour*. Der Titel soll eine Art internationale Sprache darstellen und eine Variation der Redensart „Bandits of Love“ sein.[13] Schon dieser Titel war ungewöhnlch für eine Platte. Hier waren insgesamt drei erfolgreiche Hitsingles enthalten: *Roxanne*, *So lonely* und *Can't stand loosing you*. Im folgenden sollen *Roxanne* und *So lonely* davon analysiert werden. Einer der wohl wichtigsten ist *Roxanne*, ein Song der bis heute zu den bekanntesten Pop-Songs zählt und nach wie vor durch seine Spartanität und stimmige Atmosphäre besticht. Sting schrieb den Song im Jahre 1977, als er mit den beiden anderen Police Mitgliedern Andy Summers und Stewart Copeland in Paris nach einem Auftritt mit der französischen Fusion-Band *Gong*, die sich unter der Leitung des Bassisten Mike Howlett in *Strontium 90* umbenannt hatte,[14] zum ersten Mal den Rotlichtbezirk besuchte. Hier begann er mit einem Namen zu Spielen und ihn ständig zu singen: Roxanne.

In diesem Stück geht es um die unerfüllte Liebe eines Mannes zu einer Prostituierten namens Roxanne, die trotz seiner Liebe nicht mit ihrem Leben bricht, und weiterhin als Prostituierte arbeitet. Somit ist dieser Song schon von

---

[13]**Vgl. Sutcliffe, Phil**, *Message in a box*, A&M Records Ltd., London, 1993, S.29ff.
[14] **Ebd.**, S.21.

seinem Inhalt recht ungewöhnlch. Betrachtet man nun die Musik, so kann diese auf harmonischer Basis stimmig analysiert werden. Hierauf soll aber nicht nur Bezug genommen werden, denn bei Pop- und Rockmusik ist auch die Sound-Frage von großer Bedeutung. Hier sollen verschiedene Analyse-Ansätze von Ansgar Jerrentrup ausschlaggebend sein.

Roxanne ist vom äußeren Aufbau denkbar einfach gehalten und folgt einer Aufteilung in A und B-Teil. Mit einer Länge von 3:15 Min. sind diese beiden Teile auf 106 Takte verteilt. Harmonisch spielt sich das musikalische Geschehen in g-moll ab. Sting verwendet das äolische Moll. Zentrum des Stückes ist der g-moll Akkord, mit dem *Roxanne* auch beginnt. Im weiteren Verlauf setzt sich die Harmoniefolge aus folgenden, jeweils eintaktig gespielten Akkorden zusammen:

g / F6 / Esmaj7 / dm7 / cm7 / Fsus4/ / Gsus4

Es handelt sich hier also um einzelne Stufenakkorde der äolischen g-moll Tonleiter. Angereichert wird die Harmoniefolge durch die Verwendung von Vierklängen, wie den F-Dur Akkord mir der hinzugefügten Sexte d. Hierauf folgt die sechste Stufe von g-moll, Es-Dur. Doch aus dem Es Dur wird ein Vierklang, indem die große Septime d hinzugefügt wird. Es folgen zwei moll7 Vierklänge auf d und c. Hierdurch ergibt sich für die Gitarrenbegleitung ein transparentes Voicing mit dem ständig durchlaufenden d. In den beiden letzten Harmonien wird ein typisches Kompositiosmerkmal für Popsongs verwendet: Der Sus4-Akkord. Bei Sus-Akkorden handelt es sich um Vorhaltsakkorde. Das Sus steht für das englische *sunspended*. Bei diesen Akkorden wird das eigentliche Geschlecht verschleiert, wodurch die Harmonie einen offeneren, leichteren Charakter erhält. Bei einem Sus4 Akkord wird die Terz durch die Quarte ersetzt. In *Roxanne* endet die Harmoniefolge des A-Teils mit solchen Akkorden auf F unf G. So ergibt sich für die Strophe ein interessantes Bild, welches sich auch in zahlreichen anderen Pop-Songs erkennen läßt: Es werden häufig Dur- oder Mollakkorde mit Sus4- oder Sus2 Akkorden kombiniert. Hier seien als *Beispiele Where the Streets have no name* von der irischen Band U2 oder *Woman* von John Lennon genannt. Bei *Roxanne* gibt es zwischen Strophe, dem oben beschriebenen A-Teil und dem Refrain jeweils eine Bridge, die über acht Takte andauert, und in Takt 29 einen weiteren Sus Akkord, den G7sus4 bringt. Der hier aber lediglich als eine Art Verzierung gesehen werden sollte und höchstens eine kurze Ausweichung darstellt, nicht aber als Zeichen für eine Modulation nach C-Dur oder c-moll gewertet werden darf. Im Anschluß hieran erklingt der zwölftaktige Refrain, in dem sich nun die Spielweise ändert. Die Harmonien der Strophe mit ihren geschickten Durchgängen verschwinden, und die Gitarre als führendes Harmonieinstrument spielt harte Quintgriffe. Hiedurch entsteht eindeutig eine „rockige" Stimmung, da auch das Schlagzeug und der Bass treiben. Auf der HiHat werden nun durchgehende Achtel mit der Snaredrum auf der zwei und der Vier gespielt. Auch der Bass spielt die Grundtöne als Achtel mit. Hierdurch verdichtet sich der Sound und die Atmosphäre ändert sich: Unter Quintgriffen versteht man in der Rockmusik Akkorde, die geschlechtslos sind und nur aus dem Grundton und der Quint bestehen. Sie werden hauptsächlich von Gitarristen eingesetzt, erzeugen eine aggressivere Stimmung und werden oft auch aus soundtechnischen Gründen verwendet. Denn durch die Verwendung von reinen Intervallen, der Quinte oder Verdopplung des Grundtones in der Oktave, kann die Gitarre ohne Probleme mit hohen Verzerrungsgraden gespielt werden ohne daß Dissonanzen auftreten. *Roxanne* hat somit im Refrain also durchweg einen rockigen Charakter, sowohl durch die Spielweise, als auch die Harmonik. Beide Teile werden fast unverändert wiederholt und aneinandergereiht. Einzige Steigerung stellt das Schlagzeug dar, das durch Verwendung verschiedener Becken und Tom-Drums Veränderungen herbeiruft. Gitarre und Bass spielen stur ihre einzelnen Pattern durch. Wichtig ist bei der Gitarre, daß sie die Akkorde auf jeden Schlag bringt und somit gleichzeitig ein treibendens Element in das Lied bringt, wie auch die Atmosphäre des Reggae, der für Stings Kompositionen insgesamt sehr wichtig werden sollte. Bei *Roxanne* wird dies in den jeweils achttaktigen Strophen deutlich, in denen die Gitarre eine reggaeartige Begleitung spielt, die viel Platz und Raum läßt, während der Baß stakkatoartig die Bass-Drum Figur mitspielt. Charakteristisch für den Reggae ist einerseits eine monotone Spielweise und andererseits ein spannungsreich schwingender Rhythmus. Charakteristisch sind die Betonungen der schwachen Zählzeiten durch die Rhythmusgruppe. Dies ist bei *Roxanne* der Fall. Bass und Bassdrum kommen jeweils auf der zwei, wodurch dieses typische Reggaefeeling zustande kommt. Die Gitarre wird zwar im Hinblick auf die Betonungen nicht reggaeartig gespielt, da sie wie oben erwähnt auf jeder geraden Zählzeit zu hören ist. Ihre Spielart ist jedoch eindeutig am Reggae von beispielsweise Bob Marley angelegt. Denn die monotone und durchgehende Spielweise kommt eindeutig vom Reggae. Im Refrain wird diesem Reggae-Element das Rock-Element gegenübergestellt.

Notenbeispiel 1

Strophe mit Gitarre und Bass von *Roxanne*

Mit dieser Mischung aus Rock und Reaggae zeigen sich zwei der wichtigsten Stilrichtungen, die für die frühen Kompositionen von Sting einflußreich waren. Sting dazu selbst: *„[...] They're not straight reggae songs. What I do is weld elements of reggae into a rock setting.“*[15]. Doch wie kam es zu dieser offensichtlichen Vermischung der Stile Rock und Reggae, die eigentlich auf den ersten Blick eigentlich gar nichts miteinander zu tun haben? Um hier eine Erklärung zu finden, ist es notwendig, sich auch auf anderen Gebieten umzusehen, denn hier reicht die musikalische Analyse nicht mehr aus. Es scheint daher sinnvoll zu sein, neue Analysemethoden von Ansgar Jerrentrup heranzuziehen, der in seinem Kommentar *Perspektiven für eine überwiegend musikimmanente Betrachtung von Jazz, Rock und Pop* neue Ansatzpunkte geliefert hat. Jerrentrup schlägt vor, auch Punkte zu untersuchen, die eher soziokultureller Natur sind. Hier wäre zB. wichtig, wie massenfähig eine Spielweise oder ein Sound ist. Kann eine bestimmte Art von Musik überhaupt ein Publikum erreichen? Auch die Frage nach der Eingängigkeit einzelner Pattern und Inhalte ist hier von Bedeutung[16]. Bezieht man nun solche Ansatzpunkte auf die Komposition des Titels *Roxanne* von Sting, so erscheint das Stück in einem neuem Licht. Im Jahre 1978, dem Veröffentlichungsjahr von *Roxanne* gab es die zwei oben erwähnten großen und populären

---

[15] **Sting, in:** Bronson, Marsha, *Sting*, Exley Publications, Watford, 1993, S.21.

[16] **Vgl. Jerrentrup, Ansgar**, *Perspektiven für eine überwiegend musikimmanente Betrachtung von Jazz, Rock und Pop,* in: Beiträge zur Popularmusikforschung 7/8, Hrsg. Rösing, Helmut, Hamburg, 1989, S.135f.

Musikrichtungen: Reggae und Punk. Mit Bob Marley schwappte der Reggae Ende der siebziger Jahre endgültig nach Europa. Der jamaikanische Künstler war vor allem in London ein umjubelter Star und spielte hier mehrere Abende in Folge im Londoner Lyceum. Reggae war danach in aller Munde. Ebenso sah es mit Punk und New Wave aus. In London sprossen neue kleine Labels und neue Bands wie die sprichwörtlichen Pilze aus dem Boden, und es sah aus, als sei Sting mitten in einer Revolution nach London gekommen[17]. Er machte sich in seiner introvertierten Art daran, diese beiden Musikstile auf einer akademischen Ebene zu analysieren. Abend für Abend besuchte er die Konzerte in den Londoner Clubs, um zu hören, was die Bands für Musik machten. Das *Roxy* und das *Nashville* waren zu dieser Zeit die Clubs, in denen die besten Konzerte stattfanden, weswegen wohl auch oft die Polizei anwesend war. London erlebte zu dieser Zeit einen Umsturz in den Köpfen der Jugend und Heranwachsenden, der sich in der harten Musik des Punk zeigte und die ganze Welt beeinflussen sollte. Jonny Rotten, der Sänger der Sex Pistols und Bob Marley, der bis heute berühmteste Künstler des Reggae, wurden in diesen Jahren zu populären Idolen, deren Konterfeis regelmäßig die Titelblätter zierten. Es konnte Sting also schwer verborgen bleiben, welche Art von Musik erfolgsträchtig und publikumstauglich sein könnte. Reggae und Punk als Mischung sollte der Weg sein. Sting besaß den Intellekt und das Talent, diese beiden Richtungen so zu mischen, daß eine eigenständige Musik daraus werden konnte.

Vor diesem Hintergrund betrachtet erscheint der Titel *Roxanne* als ein brilliantes Konglomerat, in dem Zeitgeist und eigener künstlerischer Ausdruck ein harmonisches Ganzes ergeben. In diese Komposition sind die musikalischen Strömungen ihrer Zeit perfekt eingewoben. In der Strophe wird Reggae und angedeutet, in einer anderen, etwas treibenden Art gespielt und mit poppigen Harmonien verwoben, während im Refrain Punk und Rock zu hören sind. Hier ist demnach ein soziokultureller Einfluß auf die Entstehung der Musik auszumachen, der nicht unterschätzt werden sollte.

Jerrentrup bedenkt in seinem Aufsatz auch, die Rolle der Eingängigkeit von Inhalten und Patterns. Die einfache Spielweise von *Roxanne* wurde oben bereits näher ausgeführt. Betrachtet man den Inhalt des Liedes, so fällt auch hier eine Einfachheit auf, die näher betrachtet komplexer als erwartet ist. Schon der Titel

---

[17] **Vgl. Sandford, Christopher**, STING- *Demolition man*, Little, Brown and Company, London, 1998, S.45f.

Roxanne ist gut gewählt; es ist ein exotischer Name, der neugierig macht. Textlich zeigt sich ein kontrastreiches Bild. Banalität und Origanalität stehen hier in einem engen Zusammenhang. Der Zustand des lyrischen Ich mit seiner unerfüllten Liebe ist nicht unbedingt origenell zu nennen, sondern kam schon in hunderten Liedern und Stücken vor, egal ob in der Klassik, im Jazz oder im Pop, aber die Tatsache, daß die Geliebte eine Prostituierte ist, verleiht dem Text schon etwas Außergewöhnliches, etwas Originelles. Der Text ist von seiner Anlage her schon so konzipiert, Banales originell darzustellen. Die Sprache arbeitet in der ersten Strophe mit Symbolen. „*...Red light*", das rote Licht steht für das Milieu der Prostituierten, „*...that dress tonight*" erinnert an die Tatsache, daß sich Roxanne für andere schön machen muß. „*Walk the streets for money*" steht für den Aspekt der Arbeit. In dieser ersten Strophe steht Roxanne im Mittelpunkt. Das lyrische Ich spricht sie an und will sie davon überzeugen, daß es für sie sorgen kann und sie nicht ihrer Arbeit nachgehen muß. Die eindringliche Aufforderung in der ersten Zeile *You don't have to put on the red light* impliziert dies. Dieses Symbol zeigt besonders deutlich den Kontrast von Banalität und Originaltät. Das Bild des Rotlichts in Bezug auf Prostitution ist nicht einfallsreich, verliert aber im Kontext des Inhaltes diese Banalität und wird zu einem tiefgehenden Appell des geschmähten Liebhabers der den Schmerz nicht mehr ertragen kann, seine Geliebte mit anderen Männern zu sehen. Somit ist diese Textzeile auch für den Refrain gut geeignet, denn sie faßt mit wenigen Worten den gesamten Inhalt des Liedes zusammen. Die zweite Strophe stellt das lyrische Ich in den Mittelpunkt, was sich auch äußerlich im Textbild darstellt. In der ersten Strophe beginnt jede Zeile mit *You*, während in der zweiten Strophe die Zeilen durchgehend mit *I* eingeleitet werden. Das lyrische Ich will jetzt seine Gefühlslage darstellen, sagen, daß es Roxanne schon immer geliebt hat. Auch hier wird wieder mit Symbolen gearbeitet. In Zeile 14 soll Roxanne ihr Make Up abmachen, da sich das lyrische Ich nun über seine Gefühle im klaren ist. Dies wird mit einem Wortspiel dargestellt:

I know my mind is made up
So put away your make up.

Made up und Make up unterscheiden sich nur in einem Buchstaben. Mit diesen Zeilen wird am Ende des Songs noch einmal das Thema einfallsreich dargestellt. Während das lyrische Ich sich für die Liebe entschieden hat, soll Roxanne die Maske der Prostitution in Form des Make Up endlich abnehmen und vernünftig werden.

Sting hat hier mit einfachsten, aber originellen Mitteln eine Liebesgeschichte dargestellt. Bedeutsam ist sicherlich der Titel, mit dem kurzen und ausgefallenen Namen Roxanne. Ebenso ist die Musik einfach gehalten, indem nur eingängige und minimalistische Patterns gespielt werden, die jedoch einen enormen Wiedererkennungswert haben.

Roxanne wird zu dem großen Hit von *Otlandos D'Amour*. Einem Album auf dem The Police strikt den Weg der Symbiose von Punk, Rock und Reggae verfolgt. Dies wird vor allem an dem zweiten großen Hit deutlich, der selbst heute noch oft in Discotheken zu hörten ist: *So lonely*. Es erinnert in der äußeren Struktur an *Roxanne*, obwohl *So lonely* ein ausgedehntes Gitarrensolo enthält, mit dem sich die Band deutlich von den anderen Punk Bands der damaligen Zeit abhebt. Die Aufteilung des Liedes folgt wie auch *Roxanne* dem Schema Strophe und Refrain. Auffällig ist bei *So lonely* die Tatsache, daß die Harmonien aus einem anderen Reggae-Stück dieser Zeit übernommen wurden. Die Harmoniefolge C Dur/ F Dur/ G-Dur und a-moll ist genauso in *No woman, no cry* von Bob Marley zu finden. Und zeigt wie gut man sich von anderer Musik und Liedern inspirieren lassen kann.

Notenbeispiel 2

So lonely

No woman, no cry

Hier wurde geschickt abgekupfert, ohne daß es zu offensichtlich wurde. Auch vom Sound her orientiert sich dieser Song mehr am Reggae als *Roxanne*. Die Rhythmusgitarre spielt ein für den Reggae typisches Rhythmuspattern mit Akzent auf der zweiten Zählzeit, daß von der Baßbegleitung ergänzt wird. Hierdurch kommt das typische Reggaefeeling zustande.

Notenbeispiel 3

So lonely

Inhaltlich spiegelt *So lonely* die in Kapitel 1 angesprochenen Probleme Stings. Zeit seines Lebens fürchtete er sich vor Einsamkeit und davor verlassen zu werden. Hier scheinen diese Ängste klar und unverzerrt zum Ausdruck zu kommen. Es wird mit plastischen Bildern gearbeitet, die dem Zuhörer die Gefühlslage des lyrischen Ich vermitteln können. Die Seele wird als Theater dargestellt, in dem alle Plätze frei sind. In diesem Theater des lyrischen Ich wird immer ein Ein-Personenstück gespielt.

Just take a seat they're always free
No surprise, no mystery,
In this theatre that I call my soul,
I'll always play the staring role

Es zeigt sich also auch bei *So lonely* eine textlich sinnvolle Konstruktion, die im Vergleich zu denen anderer Punk- und Rockbands ernste Gefühle in Worte verpackt. Der emotionale Text steht allerdings im totalen Kontrast zu der fröhlichen und harten Spielweise des Stückes. So entsteht eine ironische Verfremdung, die einen besonderen Reiz und Charme ausmacht. Dieser Kontrast sollte sich auch in vielen weiteren Songs wiederholen und macht sicherlich einiges von der Anziehungskraft von The Police aus. In den späten Sting-Songs aus seiner Karriere als Solo-Star ist diese Komponente auch noch zu finden, doch dazu an geeigneter Stelle mehr.

Das gezeigte Konzept einer geschickten Mischung von Rock, Punk und Reggae verfolgte The Police über weite Strecken der ersten Platte *Outlandos d`amour*. Dies ist sicherlich ein Grund, warum diese Platte ein Verkaufsschlager wurde und bis auf Platz sechs der britischen Charts kletterte, was für ein Debutalbum eine erstaunliche Notierung ist. Erste ausgedehnte Tourneen sind die Folge und der Aufstieg zu Weltstars. Mit ihrem Konzept als „weiße Reggae Band" brachen sie alle Rekorde und schlugen einen musikalischen Weg ein, der von Stings Kompositionen geprägt wurde.

Ab der zweiten Platte *Regatta de Blanque* wurde der Sound von The Police aufwendiger und es verfestigte sich das Konzept von Reggae und Rock. Die Punk-Elemente traten in den Hintergrund. Dafür wurde ein anderes Element weiter ausgebaut, das sich bei *Roxanne* andeutete: Raum. Die Kompositionen von Sting wurden spartanischer und freier. Sie besitzen von ihrem Charakter her oft eine minimalistische Herangehensweise. Man kann sicherlich sagen, daß die Rockmusik mit der Platte *Regatta de Blanque* das „Atmen gelernt hat". In diesem Zusammenhang werden Effektgeräte und Studiotechnik zu einem wichtigeren Faktor als noch bei *Outlandos d'Amour*, die noch eher einfach und roh produziert worden war. Von großer Bedeutung sind hier vor allem Chorus und Flanging-Effekte, wie auch Echo und Hallgeräte, die eine unverwechselbare Stimmung erzeugen und somit die Frage nach der Wichtigkeit des Sounds aufwerfen. Hierzu sollen zunächst die einzelnen Instrumente und Effekte technisch erklärt werden. Bei der Analyse der Songs sollte dann auch auf grafischer Ebene auf diese Tatsachen Rücksicht genommen werden.

4. Zur Technik

4.1 Die Instrumente und Darstellung der wichtigsten Effektgeräte

„Gerade Pop und Rock basieren auf der Technologie der modernen Industriegesellschaft. Für den wichtigen, musikimmanenten Sound ist zB. elektronische Technik unabdingbare Voraussetzung. Der Sound eines Instrumentes, einer Gruppe, eines Musikstils gehören essentiell zur Pop- und Rockmusik, und ausschlaggebend für den Sound sind seit den rockenden 50'er Jahren vorwiegend elektroakustische und elektronische Apparaturen.[18]

An diesem Zitat aus einem Aufsatz zur Technologie in der Musik, und speziell in der sogenannten U- Musik von Bernd Enders, wird deutlich, wie wichtig die Technik in Form von Studioausstattung, Effekgeräten oder Instrumenten für eine Popband sein muß. Bei The Police war dies nicht anders. Ihr Sound war auf der einen Seite hart und rau und auf der anderen Seite sauber, rein und vor allem weit und frei. Durch die minimalistische Herangehensweise an manche Stücke entstand der typische Police Sound. Was waren nun die Bestandteile dieses typischen Sound und wie wurde er technisch realisiert? Um diese Frage zu

[18] **Enders, Bernd**, *Der Einfluß moderner Musiktechnologien auf die Produktion von Popularmusik*, in: Popmusic-Yesterday Today Tomorrow, Hrsg. Heuger, Markus, Prell, Matthias, Con Brio Verlagsgeselschaft Regensburg, 1995, S.52.

beantworten, ist es sinnvoll das Instrumentarium der einzelnen Bandmitglieder zu betrachten.

Sting in der Rolle als Bassist und Sänger eines Trios mußte eine doppelte Funktion erfüllen: Zum einen mußte er für ein füllendes Bassfundament sorgen, und zum anderen für den klaren Gesang, der oft zu den rhythmischen Bassbegleitungen konträr verlaufen mußte, um den Gesang von der Musik abzusetzen. In einer Trio-Besetzung ist es zunächst wichtig, einen fülligen Sound zu haben, wozu die Frage nach dem Instrument von zentraler Bedeutung ist. In der mittlerweile über 40 Jahre alten Geschichte des elektrischen Basses sind unzählige Modelle, aus den verschiedensten Hölzern mit den unterschiedlichsten Tonabnehmern gebaut worden. Um die einzelnen Instrumente entwickelte sich jeweils auch eine Musikrichtung, in der die jeweilige Bauweise von bestimmten Bässen notwendig war. Die ersten Bässe der Popgeschichte sind der Fender Precision und der Fender Jazz Bass. Beide drückten den ersten beiden Jahrzehnten der Popmusik ihren Stempel auf, sowohl vom Sound, als auch vom Design. Gebaut waren beide aus Eschenholz und sie besaßen an dem Übergang vom Hals zum Korpus die typischen Cutaways, die für das einzigartige Fender-Design verantwortlich waren. Cutaways sind zwei Einschnitte am oberen Teil des Korpus, die es dem Spieler ermöglichen, einfach und komfortabel in den höheren Bünden zu spielen.

Instrumentenabbildung[19]

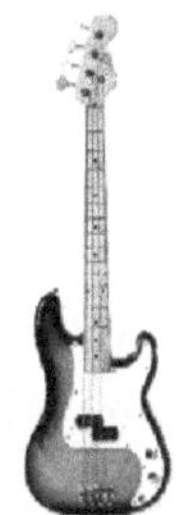

Fender Jazz Bass ***Fender Precision Bass***

Charakteristisch für diese beiden Bässe ist vor allem ihr Sound, der auch heute noch als Maßstab beim Bau von neuen Bässen dient. Der Sound hängt von den

[19] Fotos sind aus einem Fender Katalog des Jahres 1982 entnommen. Es existieren keine Angaben zu Verlag, Ort oder Druck.

verwendeten Hölzern und den eingebauten Tonabnehmern ab, die für die Elektrifizierung des Saitensignals zuständig sind. Wie oben erwähnt, sind die Fender Bässe aus Eschenholz. Eschenholz ist recht billig, wodurch die Bässe erschwinglich waren, und es beeinflußt den Klang des Instrumentes nicht so stark wie zB. Mahagoni. Bei den Tonabnehmern wurden Single Coils verwendet, deren genaue Arbeitsweise später bei dem Abschnitt über die Gitarre genau erklärt wird, da Tonabnehmer bei der Gitarre von noch größerer Bedeutung sind. Precision- und Jazz-Bass haben verschieden konzipierte Abnehmer, die trotz gleichem Prinzip einen anderen Sound hervorbringen. Beiden Bässen ist jedoch eins gemeinsam: Klarheit und Differenziertheit im Sound, wobei der Precision Bass durch einen mittigeren Klang das stärkere Durchsetzungsvermögen besitzt, da er die Frequenzen zwischen 1 khz und 3 khz stärker wiedergibt. Nicht zuletzt wegen dieser Ausstattungsmerkmale und dem erschwinglichen Preis erfreuten sich diese beiden Modelle sehr großer Beliebtheit. Vor allem Bassisten aus dem Pop- und Soulbereich verwendeten ihn, ebenso auch Bassisten aus der Jazzszene. Rockbassisten spielten eher Gibson-Bässse oder Rickenbacker, die mehr Mitten und vor allem untere Mitten hatten und somit gut zum Rock passten. Wie oben bereits erwähnt, hörte Sting in seiner Jugend viel Soul und Pop. So ist seine Wahl für den Fender Bass nicht weiter verwunderlich. Er spielte den Bass, den seine Vorbilder auch spielten. Für Rock- und Popmusiker im übrigen eine weit verbreitete Art sich, für ein Instrument zu entscheiden. Neben Fender Bässen spielte Sting während seiner Police-Jahre auch einen Ibanez MC 940 DS Fretless-Bass, der ebenfalls zu seinem und dem Police Sound beigetragen hat. Das besondere an diesem Bass war die Tatsache, daß er keine Bundstäbchen hatte. Dadurch war er von der Art her zu greifen wie ein Kontrabass oder ein Cello. Sein Ton ist fließend und weich, außerdem hat er mehr Obertöne, wodurch der Klang breiter wird. Dieser Bass kommt somit Stings Liebe zum Jazz zugute. Der MC 940 DS ist mit zwei Single-Coil Tonabnehmern ausgestattet.

Instrumentenabbildung[20]

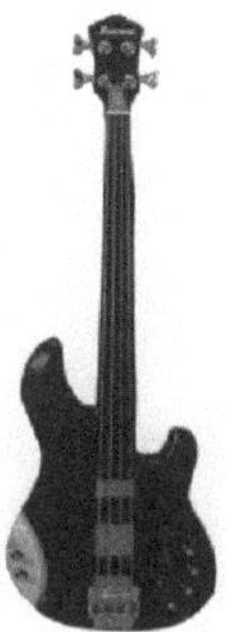

Ibenez Fretless-Bass

Neben dem Ibanez Fretless Bass spielte Sting auch einen E-Kontra-Bass der Firma Human. Ein solcher Bass war damals wie auch heute noch sehr auffällig, da er äußerlich wie ein Kontra-Bass ausssieht, jedoch keinen großen Korpus besitzt. Die Länge und die Mensur, sprich die Saitenlänge vom Kopf bis zur Brücke des Instrumentes, ist jedoch gleich der eines Kontra-Basses. Mit diesen verschiedenen Fretless-Bässen klangen The Police ungewöhnlich, denn zu ihrer Zeit konnte man einen Fretless-Bass äußerst selten in einer Popband hören, zumal er wegen der fehlenden Bundstäbchen auch nicht einfach zu spielen ist. Sting hatte somit einen unverwechselbaren Sound, der sich ideal in den Gesamtsound von The Police einfügte und bis heute seine individuelle Note nicht verloren hat. Der Sound des Basses wurde zusätzlich noch mit den verschiedensten Effektgeräten verfremdet. Wichtig sind hier Chorus, Phaser und mit Fußpedalen zu bedienende Synthesizer, die vor allem bei Live-Auftritten eine wichtige Rolle spielten. Im folgenden sollen die gängigsten Effektgeräte erklärt werden.

[20] Foto stammt aus einem Ibanez Katalog aus dem Jahre 1980. Es gibt keine Angaben zu Verlag, Ort oder Druck.

4.2 Der Chorus

Der Chorus zählt zu den sogenannten Modulationseffekten, die mit einer Signalverzögerung arbeiten. Ein solcher Arbeitsvorgang stellt sich wie folgt dar: Das eingehende Signal des Instruments wird gesplittet. Es wird ein Teil des Signals verzögert, während der andere Teil im Originalzustand belassen wird. Zu diesem Originalsignal wird dann das verzögerte gemischt. Das Signal wird meist mit Zeiten zwischen 10 und 30 Millisekunden verzögert. Hieraus ergeben sich Auslöschungen oder Verstärkungen von Teilschwingungen, die eine große Auswirkug auf die Klangfarbe und Klanggestaltung haben. Es entsteht ein chorischer Effekt. Sie generieren einen volleren, fluktuierenden Klang. Als Vergleich kann der Effekt einer einzelnen Violinen im Vergleich zu einer kompletten Violinensektion eines Orchesters den Effekt gut verdeutlichen. Für den Bass erfüllt er die gleiche Funktion: das Kreieren eines breiteren Tones. Mit einem Chorus erhält ein Bass einen warmen und weichen Klang, der besonders bei Fretless-Bässen eine auffällige Wirkung erzielt, so zB. zu hören auf der Aufnahme der Single *Every little thing she does is magic* von der LP *Ghost in the machine* aus dem Jahre 1981. Bei der Verwendung eines Chorus ist es wichtig, auf die Einstellungen zu achten, da eine zu extreme Einstellung schnell zu einem verwässerten Sound führt. Der Ton klingt verstimmt und „eiert" stark. Deswegen ist vorallem die Geschwindigkeit eines Chorus bedeutsam. Mit einer geringen Geschwindigkeit der Tonverzögerung entsteht der gewollte und schöne Effekt, bei sehr hohen Verzögerung klingt ein Chorus eher unschön.[21]

4.3 Das Echogerät

Seltener wurde für den Bass ein Echo-Effekt verwendet. Dies ist bei Gitarre und vor allem beim Schlagzeug anders. Zunächst soll hier der Effekt des Echos erläutert werden, der für viele Songs von The Police und später auch von Sting als Solokünstker enorm wichtig ist. Bei einem Echogerät wird zunächst künstlich versucht, ein Echo zu produzieren. Hierbei muß man zwischen zwei

[21] Einen Sound mit Worten zu beschreiben ist schwer, zumal jeder Effekte anders wahrnimmt und auch bewertet. Vor allem bei Bässen ist es kompliziert, den Klang eines Effektes in Worte zu fassen, da sie oft nicht so präsent im Klangbild des jeweiligen Stückes zu hören sind, was auf die tiefen Frequenzenzurückzuführen ist. Ein wirkliches Bild des genauen Klanges kann daher nur beim isolierten Hören solcher Sounds entstehen.

verschiedenen Arten der Effektgeräte unterscheiden. Auf der einen Seite sind hier die analogen Geräte zu nennen, die bis in die späten 70´er Jahre zu hören waren. Ab den 80´er Jahren wurden sie dann von modernen Digitaldelays abgelöst. Ein analoges Echogerät arbeitet nach folgendem Prinzip: Eine Verzögerungsleitung bewirkt eine zeitliche Verzögerung des zu verarbeitenden Klangs gegenüber dem Originalsignal, das dann dem Originalsignal wieder hinzugefügt wird. Um ein natürliches Echo zu simulieren, muß das Signal mehrmals in die Wiederholungsschleife eingespeist werden. Dieser Wert kann an jedem Echogerät mit dem Feedbackregler verändert werden. Um das Signal aber exakt zurückwerfen zu können, muß die Verzögerungsleitung über klar regelbare Verzögerungszeiten verfügen. Bei einem analogen Echogerät wurde das Originlsignal kurzzeitig auf einer Tonbandschleife gespeichert, wozu ein getrennter Aufnahme- und Wiedergabekopf nötig war. Regeln konnte man die Verzögerungszeiten somit über die Bangeschwindigkeit.

Analoge Echogräte arbeiten also im Prinzip wie ein Tonbandgerät oder Cassettenrecorder, der das Originalsignal aufnimmt und zeitverzögert abspielt. Solche Geräte waren stör- und verschleißanfällig, da sie mit kleinen Tonbändern arbeiteten. Diesen Nachteil gibt es bei digitalen Echogeräten nicht. Bei diesen wird das ankommende Originalsignal in digitale Zahlencodes umgewandelt. Hierzu wird ein Analog-Digitalwandler benutzt, der das Signal umwandelt, damit es in einem Halbleiterspeicher festgehalten werden kann. Abhängig von der Speicherkapazität dieses Halbleiterspeichers kann das Signal nun mit einer Verzögerung von bis zu mehreren Sekunden zurückgeworfen werden. Hierdurch entsteht das Echo. Mit den modernen Effektgeräten können diese Echozeiten so genau bestimmt werden, daß man das Delay auch fest in das Arrangement einbauen kann. Rhythmisch eröffnen sich so große kreative Möglichkeiten. Es gibt heute be der weitverbreiteten Verwendung von Sequenzern und Samplern auch die Möglichkeit, Rückwurfzeiten des Echogerätes genau anhand des exakten Songtempos zu berechnen. Dadurch können erstaunliche Effekte erzielt werden. Im Kontext dieser Arbeit ist hier zB. *Walking on the moon* von der Platte *Regatta de blanque* zu nennen, das im weiteren auch nach den Aspekten der verwendeten Effekte analysiert werden soll. Hier ist das Delay immanent wichtig für das Gesamtarrangement des Songs.

4.4 Phasing- und Flangingeffekte

Phasing- und Flangingeffekte gehören, wie auch der Chorus, zu den sogenannten „Modulationseffekten". Beim Phasing- und Flangingeffekt (engl. *Flange=Spule*) wird ähnlich wie beim Chorus das kurz verzögertes Signal mit dem Originalsignal gemischt. Im Unterschied zum Chorus, bei dem sich lediglich ein chorischer Effekt einstellt, kann ein Flanger wesentlich auffälligere Effekte erreichen. Es wird das Eingangssignal nicht nur mit einem Tonbandgerät aufgenommen, sondern mit zweien, deren Signale dann schließlich über zwei Wiedergabeköpfe vermischt werden. Verlangsamt man jetzt bei der Wiedergabe die Spule des einen Gerätes, so kommt es durch die entstehenden Phasenverschiebungen zu Auslöschungen bestimmter Frequenzen. Welche Frequenz letztendlich ausgelöscht wird, hängt vom Grad der Verzögerung ab. Die gängige Beschreibung für den Klang dieser Effekte ist der Vergleich mit einem vorüberfliegenden Düsenjet. Charakteristisch für den Sound ist die kontinuierliche Veränderung des Klangspektrums. Hierdurch kommt die Illusion eines sich bewegenden Tones auf. Diese Veränderung kommt dadurch zustande, daß die Auslöschungen wandern. Dieses Wandern wird bei modernen Geräten mit Hilfe eines Niedrigfrequenzoszillators erzeugt, einem sogenannten LFO. Hierbei können verschiedene Parameter eingestellt werden: Die Verzögerungszeit, die Frequenz des LFO, die Intensität mit der der LFO auf die Verzögerungszeit einwirkt und die Höhe des Feedbackwertes.[22] In der heutigen Popmusik werden Flanging-Effekte schon fast im Sinne eines eigenständigen Instrumentes verwendet. Sie sind oft als der eigentliche Zwischenteil eines Stückes zu hören, das sich so nicht mehr von den Grundharmonien abhebt, sondern nur vom Sound. Hierbei entsteht ein Frequenzgang der sogenanten Kammfilterkurve, derern Pegelminima und Pegelmaxima von den jeweils eigestellten Zeitverzögerungszeiten abhängt. Die Frequenzen der Maxima sind die sogenannten harmonischen Teilschwingungen. So verleiht die Kammfilterkurve dem Effekt einen Tonhöhencharakter.

---

[22] **Vgl. Homerecording-ABC**, Redaktion: Dellmann, Gerald, MM-Musik-Media-Verlags GmbH, Augsburg, 1990, S.123f.

Frequenzkurve beim Phasing[23]

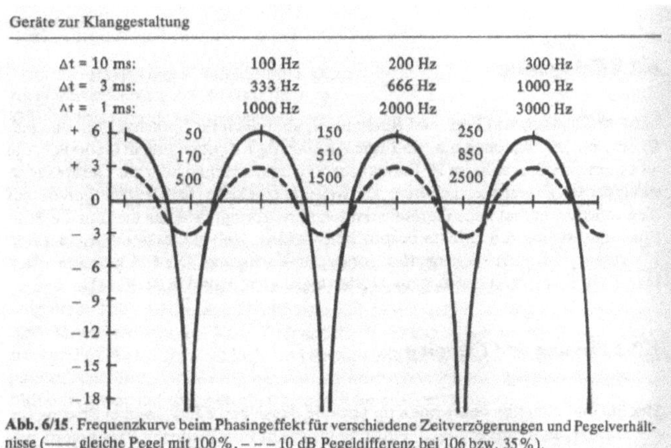

Abb. 6/15. Frequenzkurve beim Phasingeffekt für verschiedene Zeitverzögerungen und Pegelverhältnisse (—— gleiche Pegel mit 100%, - - - 10 dB Pegeldifferenz bei 106 bzw. 35%).

Der Flangeeffekt hat dabei meist wie oben beschrieben die Charakteristik eines Jeteffektes, während der Phasingeffekt ähnliche Effekte erzielt wie der Durchlauffilter eines Synthesizers oder eines Wah-Wah-Pedals, das meist von Gitarristen verwendet wird. Ein Wah-Wah bewirkt die Verstärkung eines Freuenzbandes, deren Mittenfrequenzen durch ein Pedal verschoben werden können. Dies geschieht in einer fließenden Bewegung. Dieser Effekt kann auch digital simuliert werden, wobei der Pedalweg in Zeit und Intensität simuliert und eingestellt werden kann[24] Der Wah-Wah Effekt ist vor allem von Jimi Hendrix sehr populär gemacht worden. Der Phasingeffekt ist für gleichmäßig und kontinuierlich gespielte Instrumentenparts sehr gut geeignet. So bietet er sich zB. gut an für die HiHat des Schlagzeuges oder Becken an, ebenso klingt er dezent eingesetzt auch stimmungsvoll bei arpeggierten Gitarrenparts.

---

[23] **Vgl. Dickreiter, Michael**, *Handbuch der Tontechnik*, Band 1, Hrsg. Schule für Rundfunktechnik, K•G Saur, München, 1997, S.368.

[24] **Vgl**. Ebd., S.368.

4.5 Der Gitarrensound von The Police

Ebenso wichtig wie Stings Baß-Sound ist für The Police die Gitarre. Der Gitarrist Andy Summers spielte hauptsächlich eine Fender Telecaster, die mit ihrem speziellen Klang sehr wichtig und gut geeignet ist für die Kompositionsweise von Stings Liedern. Die Fender Telecaster ist wie der Jazz- und Precision Baß aus Eschenholz gefertigt. Auch hier wirkt sich dies natürlich auf den Preis der Gitarre aus, der so recht niedrig gehalten werden konnte.

Instrumentenabbildung[25]

Fender Telecaster

Der Hals der Telecaster ist geschraubt und aus Rosenholz gefertigt. Diese Gitarre ist die erste von Leo Fender entwickelte elektrische Gitarre und wird seit 1948 unverändert gebaut. Sie hat somit den typischen Rock´n´Roll-Sound entschieden mitgeprägt. Der Klang einer Fender Telecaster hat eine charakteristische Eigenschaft: Er ist sehr höhenbetont und glasklar. Dies ist auch mit ein Grund, warum diese Gitarre seit jeher im Country- und Westernbereich stark eingesetzt wird, da sie den clean gespielten und klaren Pickingriffs dieser Musik zu Gute kommt. Normalerweise ist die Gitarre mit zwei Singlecoil Tonabnehmern ausgestattet. Ein Single Coil Tonabnehmer besteht aus einer Reihe kleiner Magneten, welche die Schwingungen der Stahlsaiten aufnehmen und dann an den Verstärker weitergeben. Single Coils haben einen sehr klaren, leicht metallischen Klang, der knackig und differenziert ist. Gemeinhin ist sein Sound der, den man mit der E-Gitarre in Verbindung bringt, da die Telecaster die erste E- Gitarre aus einem massiven Korpus war, einem sogenannte Solid-Body, und somit für alle folgenden Modelle ausschlaggebend war. Der Korpus konnte bei dieser Bauweise nicht mitschwingen.

[25] Foto satmmt aus Fender Katalog aus dem Jahre 1982. Es gibt keine Angaben zu Verlag, Ort oder Druck.

Neben den Single- Coil Tonabnehmern gibt es die Humbucker. Der Unterschied zum Single Coil liegt darin, daß im Humbucker zwei Magnetspulen verwendet werden. Diese beiden Spulen können auch einzeln geschaltet werden, wodurch sich der Sound natürlich stark verändert. Der Sound eines Humbuckers ist mittiger, weicher und wärmer. Dieser Abnehmer wird gerne für Jazz und für Rock verwendet. Wird nur eine Spule eingeschaltet, so ist der Klangcharakter ähnlich wie bei einem Single-Coil-Tonabnehmer. Humbucker liefern eine höhere Ausgangsspannung und zudem eine bessere Brummunterdrückung, die von großem Vorteil sein kann. Single Coils sind zB. sehr anfällig gegen Neonröhren, die ein unangenehmes Brummen verursachen können, wenn die Gitarre zu sehr in ihre Nähe kommt. Andy Summers, der Gitarrist von The Police, hat in seine Telecaster beide Tonabnehmersysteme eingebaut. Dadurch war er in der Lage, einen singenden und weicheren Leadsound zu spielen. Hierzu benutzte er den Humbucker, der direkt hinter dem Hals in den Korpus eingelassen war. Für die klaren Gitarrenparts nutzte er den Single-Ccoil, der vor dem Steg eingebaut war. Durch diese Bestückung der Gitarre erzielte er einen eigenständigen Sound, der durch starke und glasklare Höhen geprägt ist. Andy Summers´ Sound und seine Spielweise sind heute noch einmalig und unter Hunderten Gitarristen herauszuhören. Wie sich das in den einzelnen Songs von Sting niederschlägt wird im weiteren Verlauf in den Analysen erklärt.

4.6 Der Schlagzeugsound von The Police

Charakteristisch für The Police und die Songs von Stings ist auch sicherlich der Schlagzeuger Stewart Copeland, dessen Art zu spielen eine ganze Generation von Schlagzeugern inspiriert hat, und bis heute noch in manchen Schlagzeugparts von Sting-Kompositionen durchschimmert. Besonders auffällig sind die Art und Weise der rhythmischen Phrasierung seines Spiels, vor allem bei der HiHat, die das Zentrum seines Spiels ist, und die Verwendung von Echoeffekten. Betrachtet man das Schlagzeug von Copeland, so fällt auf, daß es recht aufwendig war. Sein Set-Up hatte drei Hänge-Toms, eine Stand-Tom, Snare, HiHat und eine Bass-Drum. Hinzu kommen eine Vielzahl von Becken. Ergänzt werden die Trommeln noch von vier, mit sehr tiefen Kesseln ausgestatteten Octobins, die einen mittigen und harten Sound haben, ihr Klang erinnert ein bißchen an Congas. Ungewöhnlich war auch, daß Copeland sich selbst über ein Mischpult, welches hinter ihm stand, abgemischt hat. Somit konnte er selbst den Einsatz der Effektgeräte steuern. Hier ist vor allem das Echo zu nennen.

Wie sich die in diesem Abschnitt erklärten und dargestellten Parameter auf die Musik und den Schreibstil von Sting auswirken, wird nun anhand der zweiten Platte *Reggatta de Blanque* dargestellt

5. Die Platte Regatta de Blanque

5.1 Allgemeines zu Regatta de Blanque

Die LP *Regatta de Blanque* erscheint im Jahre 1979. Sie kennzeichnet eine Konsolidierung der Mischung von Reggae und Rock, die zu einem sicheren Erfolgsrezept geworden war. Sting schreibt auch für diese Platte fünf Stücke und ist an fast allen anderen beteiligt. The Police hatte es noch nicht geschafft, sich beim Publikum sicher zu etablieren. Deswegen war es nötig, daß Sting auch noch auf anderen Wegen in der Öffentlichkeit präsent war. Am 16. August kam der Film *Quadrophenia* in die Kinos und wurde ein Erfolg. Sting spielt in diesem Film die Rolle des Mod-Anführers Ace. Obwohl es nur eine Nebenrolle war, bekam Sting gute Kritiken und somit viel Publicity. Langsam wurde sein Gesicht bekannt, wovon natürlich auch The Police profitierte. Denn Sting war der Mann im Vordergrund, der Sänger. Mit dem Filmerfolg im Hintergrund kam *Regatta de Blanque* heraus und brachte auch prompt die ersten Nummer Eins-Hits.

Auf der genannten Platte sind viele Stücke enthalten, die gut zeigen, wie Sting komponiert, wobei natürlich nicht vergessen werden darf, daß The Police ein Trio war und alle Musiker an der Ausarbeitung der Titel stark beteiligt waren. Titel, die beide Tatsachen recht ausgeglichen spiegeln sind die beiden Nummer-Eins Hits *Message in bottle* und *Walking on the moon*. Andere Titel der Platte *wie Bring on the night* oder *The beds too big without you*, würden bei einer Analyse wenig neues ergeben, zumal sie nach dem gleichen Strickmuster wie *Roxanne* oder *So lonely* aufgebaut sind. Bei der Analyse der beiden Nr. Eins Hits sollen zwei Bereiche bevorzugt betrachtet werden. Hier ist auf der einen Seite die Text-Musik-Beziehung, die bei *Message in a bottle* sehr wichtig sein wird, und auf der anderen Seite die technische Seite in Form der modernen Studiotechnik, die bei *Walking on the moon* einflußreich für das gesamte Arrangement des Stückes ist. Es soll auch wie oben bereits angekündigt auf graphischer Ebene versucht werden, dem Rechnung zu tragen. Hierbei wird auf die gegenwärtige Computertechnologie und deren Darstellungsweisen zurückgegriffen werden, denn sie sind heute nicht mehr aus der Musik wegzudenken, sie sind allgegenwärtig. Deswegen scheint es mehr als angebracht auch in der Musikwissenschaft, speziell in der Untersuchung von Popmusik solchen Neuerungen Beachtung zu schenken, zumal mit der ergänzenden Darstellung der den Sound betreffenden technischen Seite oft ein viel tieferer Zugang zu einem Popsong erreicht wird, als bei einer alleinigen Betrachtung der Harmonien und der Songstrukturen.

5.2 Message in a bottle

Den Song *Message in a Bottle* hat Sting zwischen 1978 und 1979 geschrieben. In diesem Lied werden Eindrücke und Ängste tiefster Einsamkeit mit einer ironischen Note verarbeitet, die zwar auch schon in *So lonely* anklangen, hier aber auf einer abstrakten und bildlichen Ebene verklärt werden. Auch bei diesem Song zeigt sich wieder der von Jerrentrup angesprochene Kontrast von Banalität und Originalität.

Das Stück basiert auf einem eingängigen Gitarrenriff. Es besteht aus parallel verschobenen Vorhaltsakkorden, den sogenannten Sus-Akkorden, die schon bei *Roxanne* näher beschrieben wurden.

Notenbeispiel 4

Gitarrenriff und Bass *Message in a bottle*

Dieses Riff wird im Intro viermal vorgestellt, um dann in den Strophen als harmonische Grundlage zu dienen. Die Tonart ist nicht eindeutig zu bestimmen. Sie pendelt zwischen A-Dur und cis-moll, wobei cis-moll ein klares Übergewicht hat. Die Strophe beginnt mit einem Cis Sus2 Akkord. Es folgen Asus2, Hsus2 und schließlich Fis sus2. Die Akkorde ergeben sich durch den sukzessiven Tonverlauf, der durch die ostinate Spielweise des Gitarristen entsteht. Der äußere Aufbau von *Message in a bottle* ist regelmäßig aus drei verschiedenen Teilen konstruiert: Teil A, die Strophe, geht immer über 16 Takte, Teil B, die Bridge, geht immer über 8 Takte und schließlich Teil C, der Refrain, welcher auch über 8 Takte andauert. Das Ende besteht aus einem ständig wiederholten Refrain, der bis zum Fade Out gespielt wird. Betrachtet man diesen formalen Aufbau, so fällt auf, daß er sehr regelmäßig und unspektakulär ist. Es ist nichts Neues zu entdecken, alte Song-Schemata wurden strikt beibehalten. Hier stellt sich nun die Frage, was an diesem Song besonders ist, da er auch heute noch eine große Faszination ausstrahlt und immer noch sehr populär ist. Um hierauf eine Antwort zu finden sollte zunächst nach der Darstellung der Harmonien auf die Instrumente und deren Einsatz eingegangen werden. Die Gitarre spielt das oben erwähnte Pattern, daß durch seine offene Harmonik eine schwer zu beschreibende Stimmung erzeugt. Der Hörer fühlt sich angesprochenen durch die ausdrucksstarken Harmoniewechsel. Hinzukommt der Sound der Gitarre, der während des Songverlaufs durch den Einsatz von Effekten wechselt. In der Strophe setzt Andy Summers einen leicht verzerrten Sound ein. Dieser Sound wird erreicht, indem die Vorstufe des Gitarrenverstärkers leicht übersteuert wird. Dadurch entsteht bei einem Röhrerenverstärker eine weich einsetzende und angenehme Verzerrung. Man spricht hier von einem „crunchy"- Sound. Angereichert wird der Gitarrenklang noch mit einem dezenten Choruseffekt. Hierdurch werden verschiedene Wirkungen erzielt: Die Gitarre als einziges Harmonieinstrument hat einen breiten Klang, der füllt, aber gleichzeitig transparent bleibt. Es entsteht ein Klangbild, der gleichzeitig druckvoll und zerbrechlich ist. Dadurch hebt sich *Message in a bottle* ab. Es gibt genügend Beispiele, wie Songs durch schlecht gewählte Klänge und Verstärkereinstellungen regelrecht zerstört werden. Kontrastiert wird dieses Rifff mit der Bridge, die auch als erster Teil des Refrains gesehen werden kann. Hier zeigt sich wieder die in den ersten Jahren typische Schreibweise von Sting. Während die Strophe eher differenziert und harmonisch arrangiert ist, fällt der Refrain aus dem Rahmen durch einfache Quintgriffe und harter, „straighter" Spielweise. So auch hier: in der Bridge oder auch Vorrefrain wird eine simple Verbindung in A-Dur gespielt, die aus Tonika, Subdominante und Dominante besteht. Auch der Rhythmus ändert sich. Es wird jetzt eine einfache und rocktypische Achtelbegleitung gespielt, welche dieser Stelle mehr Dynamik und Druck verleiht. Untypisch ist dagegen die Umsetzung des Refrains. Entgegen den Erwartungen wirkt er plötzlich als entspannendes Element, wodurch im Kontrast zu den anderen Teilen Spannung aufgebaut wird. Während der Schlagzeuger die Bassdrum auf jeden Viertelschlag setzt und auf der HiHat Achtel spielt, läuft eine absteigende Basslinie dazu. Ungewöhnlich erscheint hierzu die Gitarre. Sie setzt die arpeggierten Akkorde praktisch nur als Klangfarbe verwendet, indem sie nur auf der jeweiligen Eins die jeweiligen Harmonien setzt. In diesem Refrain deutet sich zum ersten Mal deutlich an was für Stings Art, Songs zu schreiben äußerst wichtig ist: Raum und Platz. Denn er klingt karg und zurückgenommen, wodurch er mit dem textlichen Inhalt korrespondiert, der später näher untersucht werden soll. Der Refrain wird im Verlauf des Stückes fast unmerklich durch weitere Gitarrenspuren ausgeschmückt, die bruchstückhaft hineingespielt werden. Ebenso wichtig für die Dynamik des Stückes ist die Schlagzeugbegleitung, die facettenreich ist und von der technischen Seite her Überraschungen in sich bürgt. Stewart Copeland hat zunächst eine Grundspur im Studio eingespielt. Auf dieser Grundspur befindet sich die Grundbegleitung bestehend aus HiHat, Bassdrum und Snare. In der ersten Strophe kommt zunächst eine Spur hinzu, die eine Begleitung auf dem Ridebecken beinhaltet und zudem noch mit verschiedenen Crash-Becken zusätzliche Klangfarben bringt. Eine solche Schlagzeugbegleitung ist für einen Schlagzeuger gleichzeitig nicht zu spielen. Durch die Overdubbingtechnologie, d.h. das „Hintereinander-Einspielen“ verschiedener Aufnahmespuren, die dann später zusammengemischt werden, ist sie erst möglich. Durch diese Aufnahmeweise ist der Schlagzeuger in der Lage, die Dynamik von *Message in a bottle* facettenreich zu beeinflußen, da er die Beckenbegleitung ständig unkonventionell ändern kann. So ist beispielsweise die Begleitung für die zweite Strophe ungleich sparsamer, hier spielen nämlich nur Bassdrum und HiHat. Hierdurch wird Raum geschaffen und geschickt ein Kontrast zur ersten Strophe erzeugt. In der dritten Strophe werden beide Parts und noch ein dritter zusammengemischt, wodurch die Dynamik noch einmal stärker wird.

Wie aus dieser Beschreibung ersichtlich wird, ist das Arrangement der Instrumente bei *Message in a bottle* wichtig. Darum scheint es angebracht, dies in einer Grafik zu verdeutlichen. Bei dieser Graphik ist es sinnvoll sich an der

Gegenwart zu orientieren, d.h an den neuen Technologien, die in der Lage sind solche Songverläufe klar darzustellen. Hierzu ist das Computerprogramm Cubase auf grafischer Ebene sehr gut geeignet. Die Oberfläche dieses Programms stellt einen der Prototypen von Software für Musik dar und ist in seiner aktualisierten Überarbeitung Cubase SL / SX nicht mehr aus dem Musiker- und Studioalltag wegzudenken. Neben Cubase gibt es noch die leistungsstärkeren Versionen von Logic Audio und Pro Tools. Vor allem Pro Tools hat hier weltweit sehr hohe Standards gesetzt. Im folgenden soll eine mögliche Version von *Message in a bottle* auf der Oberfläche der älteren Version Cubase VST dargestellt werden, da sie am übersichtlichsten ist. Es wird eine originale Graphik verwendet, in der versucht werden soll, die einzelnen Spuren mit den jeweiligen Instrumenten darzustellen, denn so erst können die komplizierten Strukturen einer solchen Produktion offengelegt werden. Hier ist zu erwähnen, daß die Darstellung eine Interpretation der Aufnahme ist und versuchen soll einen alten Song in der heutigen Technik zu zeigen wie er vielleicht heute aufgenommen worden wäre. Alles ist nicht zu hören, deswegen kann die Abbildung unter Umständen unvollständig sein. Für eine perfekte Darstellung müßten die Originalbänder abgehört werden.

Hauptfenster Cubase VST mit der Spurenbelegung von *Message in a bottle*

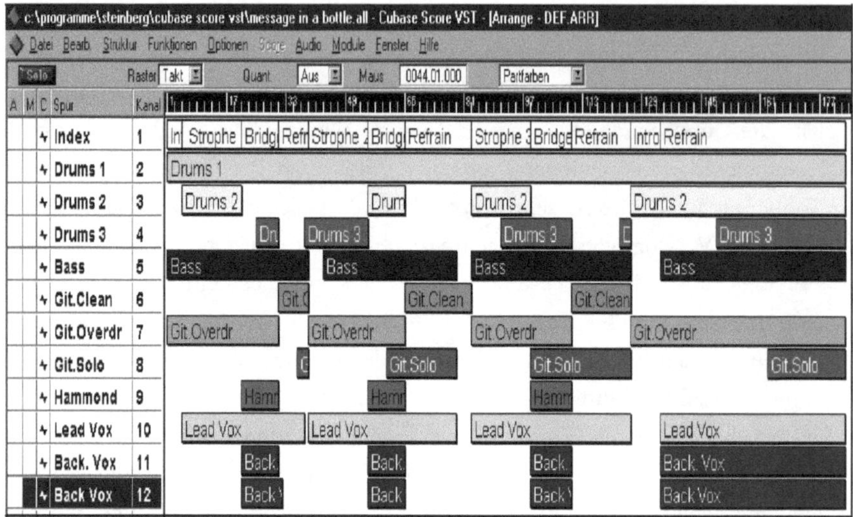

Die dargestellten Instrumentenparts:

Spur 1:	Index-Spur zur Darstellung des Songablaufs
Spur 2:	Drum-Spur 1
Spur 3:	Drum-Spur 2
Spur 4:	Drum-Spur 3
Spur 5:	Bass-Spur
Spur 6:	Gitarre mit cleanem Sound
Spur 7:	Gitarre mit Overdrive-Sound
Spur 8:	Gitarre für die Soloeinwürfe
Spur 9:	Hammondorgel
Spur 10:	Lead-Gesang
Spur 11:	Backgroundvocals 1
Spur 12:	Backgroundvocals 2

Nach dieser musikalischen und technischen Betrachtung ist es wichtig die textliche Ebene zu untersuchen, die oben schon kurz erwähnt wurde. Bei *Message in a bottle* ist dies von besonderer Bedeutung, weil es ein Stück ist, daß auf der Textebene literarische Qualität erfüllt, die in dieser kompakten Form selten in Popsongs erreicht wird. Am Beispiel von *Message in a bottle* wird auch klar, wie immanent wichtig Texte und deren Botschaften in der Popmusik sind. Georg Maas hat in einem Aufsatz mit dem Titel *Ein Spiel der Sinnlichkeit, durch den Verstand geordnet-Zum Verhältnis von Text und Musik in einigen Pop-/Rocktiteln* dieses Thema näher untersucht. Er unterteilt Texte aus der Popmusik in drei Kategorien:

I. Ohne Bezug
II. Pauschaler Bezug
III. Detaillierter Bezug[26]

Betrachtet man diese Kategorien im Zusammenhang mit *Message in a bottle*, so fällt zunächst die Kategorie I weg, da sie hier nicht anzuwenden ist. Passender scheint hier die zweite Kategorie zu sein. Hier ist die Unterkategorie Verdopplung des Stimmungsgehaltes oder Aussagegehaltes zu nennen. Bei *Message in bottle* gibt es eine solche Verdopplung des Aussagegehaltes, die auch als Verdopplung der Ebenen angesehen werden kann. Der Text arbeitet auf zwei Ebenen. Die erste Ebene ist die des tatsächlichen Schauplatzes, nämlich die einsame Insel des Schiffbrüchigen, der versucht, von dort wegzukommen und einsehen muß, daß es unmöglich ist. Die zweite Ebene ist die symbolische, metaphorische. Die Flaschenpost ist als Symbol für die Einsamkeit zu sehen, die jeder Mensch in sich fühlt, der eine mehr, der andere weniger. Doch jeder möchte aus dieser Einsamkeit herauskommen, so, wie der Schiffbrüchige von seiner einsamen Insel weg möchte. In der ersten Strophe findet die Einleitung statt. Es spricht das lyrische Ich des Schiffsbrüchigen, seine Situation wird beschrieben. Er ist Schiffbrüchiger auf einer einsamen Insel, dem die Einsamkeit schwer zu schaffen macht und der gerettet werden möchte. Dies impliziert die

[26] **Vgl. Maas, Georg**, *Ein Spiel der Sinnlichkeit durch den Verstand geordnet-Zum Verhältnis von Text und Musik in einigen Pop-/ Rocktiteln*, in: Beiträge zur Popularmusikforschung 7/8, Hrsg. Helmut Rösing, Gesamthochschule Kassel, 1989, S.34.

eindringliche Bitte *Rescue me before I fall into dispair.* Die Bridge beinhaltet die logische Schlußfolgerung aus dieser Situation: *I send an SOS to the world.* Dies ist auch die Textzeile, die dem Hörer im Gedächtnis bleibt. Sie ist simpel, impliziert aber dis Essenz des Liedes: Den Hilferuf eines einsamen Menschen. Hieran zeigt sich wieder, wie wichtig und tiefgehend die banalsten Ideen sein können. Diesem Hilferuf wird auf der musikalischen Ebene Nachdruck verliehen. Die Begleitung wird rockig und härter. Der Refrain beinhaltet dann den Titel *Message in ab bottle*, der zweimal in einer Art Sprechgesang vorgetragen wird. Hier ist ein Kontrast zur Bridge zu sehen, sowohl auf textlicher, als auch auf musikalischer Ebene zu sehen. In der Bridge dominiert die enthusiastische Idee ein SOS an die ganze Welt zu schicken, Hoffnung scheint durch, Hoffnung auf Rettung. Hiermit korrespondiert die Musik. Sie ist laut, animierend und mitreißend. Im Refrain kommt dann sozusagen die Ernüchterung. Die einzige Chance, das SOS in die Welt zu senden, ist die Flaschenpost, aber diese Chance ist äußerst klein. Mit dieser Erkenntnis ändert sich auch die Musik. Wie oben dargestellt, geht der Rhythmus in seiner klanglichen Dichte zurück und die Gitarre spielt nur spärrliche Akkorde mit einem cleanen Sound[27] Es entstehen klangliche Eindrücke einer kargen Stimmung.

Die zweite Strophe bringt dann sozusagen die Fortsetzung der ersten. Die Flaschenpost ist verschickt worden, aber ohne Ergebnis geblieben. Seit dem Schreiben der Flaschenpost ist ein Jahr vergangen und es hat sich nichts getan. Die letzten beiden Zeilen dieser Strophe verlassen dann die Szenerie der Insel und gehen auf die zweite Ebene, welche die Einsamkeit und Hoffnungslosigkeit der Menschen behandelt: *Love can mend your life, but love can breake your heart.* Liebe kann das Leben zum Positiven verändern, aber auch das Gegenteil erreichen. Hier stellt sich die Resignation des Schiffbrüchigen, aber auch gleichzeitig eine Erkenntnis für das Leben an sich dar. Diese ist zwar nicht als bahnbrechend und originell zu bewerten, bestimmt aber dennoch das Leben der Menschen. Betrachtet man diese bisherigen Strophen, so fällt auf, daß hier eine Geschichte erzählt wird, die Geschichte des einsamen Schiffbrüchigen und

[27] Unter einem cleanen Sound versteht man einen Sound, der durch die neutrale Einstellung an einem Verstärker vorgenommen wird. In einer solchen Einstellung wird die Vorstufe nicht übersteuert und erzeugt einen reinen, klaren Klang, der am ehesten an eine akustische Gitarre erinnert.

seinen Gedanken. Die dritte Strophe bringt die Auflösung der Geschichte des Schiffbrüchigen: Eines Morgens geht das lyrische Ich am Strand spazieren und sieht Millionen andere Flaschen mit Briefen. Hier setzt die Schlußfolgerung ein, daß Millionen anderer Schiffbrüchiger auch nach einem Zuhause suchen. Im Kontext der zweiten Ebene bedeutet dies, daß der einzelne Mensch nicht alleine ist in seiner Einsamkeit. Der Text nimmt mit der Hyperbel der Millionen Flaschen so auch eine ironische Wendung und findet ein versöhnliches und unterhaltsames Ende.

An dieser Stelle ist es angebracht, etwas zum Stellenwert von Popsongs zu sagen. Ein Popsong, so auch Chansons oder Lieder an sich, können in komprimierter und einfacher Form komplexe Gedanken transportieren. Nach außen hin wirken sie vielleicht oft einfach oder negativ gesagt, banal, doch sie können Gefühle darstellen und diese mit wenigen Zeilen ausdrücken. Und Gefühle sind oft banal. Somit ist der kulturelle Stellenwert solcher Lieder nicht zu unterschätzen Vor allem ist ihre Rolle in der Entwicklung von jungen Menschen seit dem zweiten Weltkrieg von großer Bedeutung, wie schon in der Einleitung angesprochen wurde. Beispielhaft für die Bedeutung von Liedern und Songs ist das Lebenswerk des Folk-Sängers Bob Dylan, dessen Songtexte in verschiedenen Buchbänden veröffentlicht worden sind und den Stellenwert von eigenständiger Lyrik erreicht haben.

Message in a bottle ist somit ein mehr oder weniger perfekter Popsong, der alle wichtigen Elemente in sich vereint: Ansprechende Melodien, einen leidenschaftlichen Text und technische Raffinessen von Seiten der Musiker und der Studioproduktion. Diese spielen sicherlich auch eine bedeutende Rolle für den großen Erfolg dieses Stückes. Außerdem zeigt es ein weiteres Element in den Liedern von Sting, daß wie das Aufgreifen verschiedener Stile ebenso wichtig ist, den Text.

5.3 Walking on the Moon

Bei diesem Song handelt es sich um den zweiten großen Hit von der Platte *Regatta de Blanque*. Bei der Betrachtng dieses Stückes soll die Studiotechnik im Vordergund stehen, die hier für die einmalige atmosphärische Stimmung verantwortlich ist. *Walking on the moon* stellt neben der atmosphärischen Seite von The Police auch deren lustige Seite dar. Im Endpart ist ein zum Mitsingen animierendes Vokalkluster *Hiojo* zu hören und die Zeile *Keep it up*. Beide evozieren eine ironische Stimmung und drücken dem Stück den Stempel der Unverwechselbarkeit auf, denn Sting singt diese Gesangparts mit einer ironischen Note, die damlas in dieser einfachen und naiven Form recht ungewöhnlich war. Im Dezember 1979 wird *Walking on the moon* in England Nummer Eins mit der B-Seite *Visions of the night*, einem alten Punk-Rocksong von Sting aus dem Jahre 1976. In Christopher Sandfords Biographie ist die Entstehung des Songs als zufällig dargestellt und nicht so gewollt wie beispielsweise *Message in a bottle*, daß mit einem klaren Konzept komponiert wurde. *Walking on the moon* entstand im Januar 1979 in Deutschland. Sting und Andy Summers spielten bei einer Komposition von Eberhard Schoener mit und hatten am Abend einen kleinen Umtrunk mit deutschem Schnaps. Am nächsten, von diesem Ereignis stark beeinflussten Morgen, ging Sting anscheinend torkelnd durch sein Schlafzimmer und begann folgendes vor sich hinzusingen: *Walking round the room... I hope my legs don't break*. Hieraus entstand dann das spätere *Walking on the moon.*[28] So kann diese Anekdote als Beispiel dafür gelten, unter welchen Umständen und wie einfach oft Popmusik geschrieben wird.

Walking on the moon folgt seinem äußeren Aufbau einem einfachen und üblichen Song-Schema. Nach einer 18 Takte langen Introduktion folgen zwei Strophen, die schließlich in den 16-taktigen Refrain münden. Der Refrain erklingt nur insgesamt zweimal im gesamten Stück. Dies ist für einen solchen Song ungewöhnlich, da die Strophen wie im folgenden darzustellen sein wird, leer und spartanisch gehalten sind. Das Stück endet schließlich mit dem Riff der Strophe und dem oben erwähnten Vokalkluster. Bei einer Betrachtung der Harmonien fällt auf, daß diese einfach gehalten sind. Das Stück basiert auf einer Bassmelodie, die lediglich auf die zwei Töne C und D zurückgeht. Sie bildet die Basis für die gesamte Strophe. Es finden keine harmonischen und rhythmischen Änderungen statt. Einziges Harmonieinstrument ist die Gitarre. Sie spielt eine reggaeartige Begleitung wobei jeder Akkord auf der Zwei und der Vier angeschlagen wird. Sie bewegt sich im Bereich von d-moll, wird jedoch nicht durch eine dominantische Bewegung bestätigt wird. Im Refrain ändert sich dann

[28] **Sandford, Christopher**, STING-*Demolition man*, Little, Brown and Company, London, 1998, S.95.

der Bass und spielt triolische Achtelfiguren, die sich mit regelmäßig auf den Schlag gespielten Vierteln abwechseln. Die Gitarre spielt im Refrain zusätzlich noch weite, verhallte Akkorde, welche die Stimmung der Introduktion wieder erzeugen. Der Refrain ist in F-Dur notiert und dieses F-Dur wird auch dominantisch bestätigt. Angesichts dieses harmonischen Ablaufs ist offensichtlich, daß auf diesem Weg kein tieferer Zugang zu *Walking on the moon* gefunden werden kann. Um den Charme und die wichtige Bedeutung dieses Stückes zu erkennen, sollte zunächst auf einer anderen, der technichen Ebene gesucht werden. Hier muß die Frage nach dem Sound gestellt werden. Auffällig ist bei diesem Song der Klang und der Raum im wörtlichen Sinn. Effekte und stimmmungsvoll eingesetzte Hallräume ergeben die einmalige Stimmung des Stückes, die es bis zu diesem Zeitpunkt in dieser konsequenten Form in der Popmusik noch nicht gab. Im folgenden sollen zunächst sämtliche Instrumente im Zusammenhang mit den eingesetzten Effekten untersucht weden.

Sting spielt den oben gezeigten Ibanez-Fretless-Bass. Sein Sound ist dezent durch einen Phaser mit einer weit eingestellten Bewegung und niedriger Geschwindigkeit angereichert. Dadurch bekommt der Klang des Basses mehr Sustain, d.h. der Ton klingt länger. Der Bass klingt warm, füllig und gleichzeitig schwebend. Die Auswahl des Instrumentes spielt hier auch eine große Rolle. Ein Fretlessbass hat einen weicheren Klang, der in der Regel auch durch den Einsatz von Modulationseffekten stärker anspricht und diese Effektart sehr gut wiedergibt. Betrachtet man sich den oben beschriebenen Aufbau von *Walking on the moon*, so wird diese Instrument- und Effektauswahl verständlich. Bei einem Stück, daß nur auf einer einfachen, langsamen Bassmelodie basiert, die nicht variiert wird, muß der Bass in der Lage sein, allein durch seinen Klang schon eine ausreichende Basis zu schaffen, außerdem muß der so entstandene Raum in dem Arrangement dezent ausgeschmückt werden. Hierbei hilft die oben beschrieben Klanggestaltung. Ähnlich verhält es sich auch mit der Gitarre. Sie erreicht durch extremen Effekteinsatz die schwebende Stimmung und schlägt einen Bogen zu dem typischen Reggaesound des *Outlandos d'Amour* Albums. Der Gitarrensound von Andy Summers spielt sich auf zwei Ebenen, sprich zwei getrennten Spuren ab. Die erste ist die stimmungsvolle erste Gitarre. Sie taucht in der Introduktion auf und erklingt in jedem vierten Takt auf der zweiten Zählzeit. Der Klang ist mit drei Effekten angereichert: Chorus, Echo und Hall. Wichtig ist auch wie bei Sting die Instrumentenauswahl. Andy Summers spielt eine Fender Stratocaster, die über einen klaren und glasigen Klang verfügt, dabei aber nicht so spitz klingt wie die im Mittelteil beschriebene Telecaster, die sein Hauptinstrument war. Der Klang der Stratocaster ist für die Stimmung von *Walking on the moon* besser geeignet, weil sie etwas neutraler und weniger spezifisch klingt. Der Chorus auf dieser Gitarrenspur ist relativ stark eingestellt. Die Geschwindigkeit liegt ungefähr in der Mitte einer Skala von 1-10 und die Tiefe des Chorus ist ähnlich eingestellt. Genaue Werte können hier nicht gegeben werden, da man schon bei den Aufnahmen dabei sein muß, um die genauen Effektparameter zu kennen. Weiter ist noch der Hall wichtig. Bei einem Hallgerät können verschiedene Hallzeiten und Raumgrößen eingestellt werden. Hierdurch kann die Illusion erzeugt werden, als würde man in einer großen Kirche stehen, in einem geräumigen Zimmer oder aber in einem kleinen Raum, der eher hohl klingt. Andy Summers hat den Halleffekt mit einer sehr langen Hallzeit und einem größeren Raum verwendet. Die Gitarre scheint von weit hinten zu kommen und über allem zu schweben, denn sie klingt durch die lange Hallzeit weiter mit, obwohl sie real ja nicht mehr angeschlagen wird. Der dritte Effekt ist das Echo. Es ist auf einen Feedbackwert, also Rückwurfwert, von Eins eingestellt. Die Echozeit entspricht ungefähr einer punktierten Achtel, wodurch der Klang der Gitarre mit einer kurzen Verzögerung einmal wiederholt wird. Ein so generierter Gitarrensound ist atmosphärisch. Im Kontext von *Walking on the Moon* transportiert er auch stimmig den Textinahlt. Es geht um den Mond, um das surreale Spazieren auf ihm. Es ist also ein phantastischer Inhalt, nicht real. So klingt auch die Gitarre. Sie scheint von fern her zu kommen, aus einem undefinierbaren Raum, den man nicht kennt. Hier ist die große Bedeutung von Effektgeräten in der Popmusik erschtlich. Die zweite Gitarenspur bildet zu diesem komplizierteren Sound das Gegenstück, welches das Reale gegenüber dem surrealen Spazieren auf dem Mond symbolisieren könnte. Der Sound ist einfach und rein und wird nur mit einem leichten Hall und etwas Chorus verfeinert. Er kann als eine Art Zitat aus *So lonely* gesehen werden, da dieser ein Teil des typischen Police-Sounds war. Nicht zuletzt wegen der reggaeartigen Spielweise mit dem regelmäßigen Anschlag auf der Zweite und Vierten Zählzeit. Diese beiden Gitarrensounds sollen nun in einer Grafik in ihrer Aufteilung dargestellt werden. An dieser Grafik soll auch deutlich werden, wie kontrastreich beide Gitarren in Hinsicht des Hallgebrauches arrangiert sind.

Hallzeit in Millisekunden

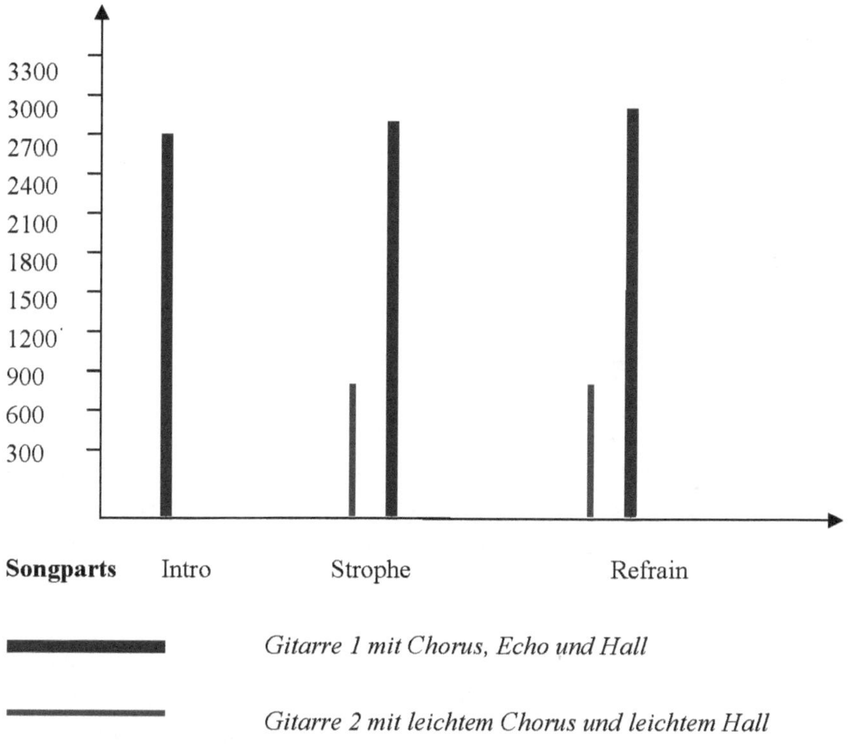

3300
3000
2700
2400
2100
1800
1500
1200
900
600
300

Songparts Intro Strophe Refrain

Gitarre 1 mit Chorus, Echo und Hall

Gitarre 2 mit leichtem Chorus und leichtem Hall

Die Hallzeiten in der obigen Grafik sind auf Erfahrungswerten basierende Näherungswerte. Die genauen Zeiten können nur durch die originalen Studiobänder und Effekteinstellungen ermittelt werden.

Wesentlich auffälliger von der Effektgestaltung her ist die Schlagzeugspur *von Walking on the moon.* Durch sie ist nämlich der Raum des Stückes erst hörbar. Wie dies geschieht, soll nun erklärt werden. Stewart Copeland spielt eine spartanische Begleitung. In der Strophe kommt die Bassdrum wie im Reggae auf der zweiten und vierten Zählzeit. Hierzu spielt die HiHat eine leichte und federnde Begleitung . Von der Snare Drum wird nur der Rand benutzt, es erklingen sogenannte Rim Shots. Die Rim Shots kommen auf der dritten Zählzeit und werden im Laufe des Songs frei variiert.

Notenbeispiel 5

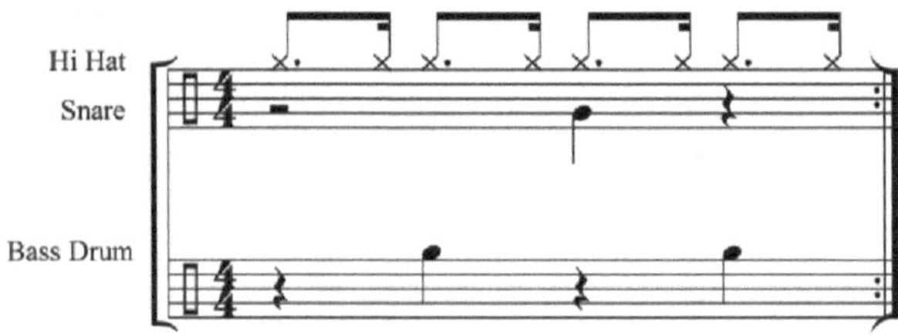

Strophenpattern Schlagzeug von *Walking on the moon*

Außergewöhnlich an dieser Begleitung ist die Nutzung von Hall und Echogeräten. Während des gesamten Stückes ist das Schlagzeug verhallt. Das Bassdrum-, HiHat- und Snaredrumsignal wird mit einem Hall bearbeitet, der einen großen Raum simuliert und auch mit mittleren Zeiten verzögert. Mit diesem weiten und räumlichen Sound des Schlagzeuges wird die schwebende Stimmung des Stückes unterstützt und außerdem der Raum „hörbar gemacht“. Auffälliger als diese Halleffekte sind jedoch in den Übergängen von Refrain zu Strophe die Echoeffekte. Auf die Spuren von HiHat und Snaredrum wurde ein Echo gelegt, das jeden Schlag im Wert von einer punktierten Achtel wiederholt. Dies ergibt vor allem bei dem Spiel der HiHat ein ungewöhnliches und eindrucksvolles klangliches Bild ab, bei dem eine leicht nach hinten versetzte Betonung aufkommt, hierdurch wird der Rhythmus schwer und man assoziiert Bewegungen im schwerelosen Raum. Das Schlagzeug auf diese Art und Weise mit Effekten zu verfremden ist ein Markenzeichen von Stewart Copeland und fügt sich sehr gut in die spartanischen Kompositionen von Sting ein. Auf der

Platte *Regatta de Blanque* verwendet Copeland diese Effektkombination mehrfach und prägt so den spezifischen Sound von The Police mit.

Effektverteilung für das Schlagzeug bei *Walking on the Moon*

	Intro	Strophe	Refrain	Übergang	Outro	
Bassdrum	Leichter Hal	Leichter Hall	Leichter Hall	Leichter Hall	Leichter Hall	
HiHat	Leichter Hall	Leichter Hall	Leichter Hall	Leichter Hall/ Delay	Leichter Hall/ Delay	
Snaredrum	Weiter Hall	Weiter Hall	Weiter Hall	Weiter Hall/ Delay	Weiter Hall/ Delay	
Overhead1	Leichter Hall	Leichter Hall	Leichter Hall	Leichter Hall	Leichter Hall	
Overhead2	Leichter Hall	Leichter Hall	Leichter Hall	Leichter Hall	Leichter Hall	

Wichtig ist auch noch die Gesangstimme, die ebenfalls mit Effekten verfremdet wurde. Sting singt durch ein Echogerät und evtl. durch einen Chorus. Desweiteren ist die Equalization höhen- und mittenbetont. Es entsteht ein weiter Klang, der die Stimme entrückt erscheinen läßt. Sie korrespondiert dadurch mit dem Textinhalt.

Auf der musikalischen Seite ist *Walking on the moon* also ein recht ungewöhnliches Stück und zeigt eine Tendenz in der Schreibweise von Sting, die auch in den folgenden Jahren immer wieder auftaucht: Sting baut gerne Songs um einen einfachen Basslauf auf, um den herum der Gesang geschrieben wird. Hier handelt es sich nicht um die Adaption einer Stilrichtung, aber wohl um die Adaption der Herangehensweise beim Schreiben und arrangieren, wie sie auch im Jazz genutzt wird, speziell bei Miles Davis. Viele seiner

Komposititonen klingen spartanisch, kühl und auf einer speziellen Melodie basierend, die oft nicht ausgeschmückt wird. Dadurch bekommt jeder einzelne Ton eines Instrumentes und jeder Effekt enorme Bedeutung. Speziell auf der Platte *Bitches Brew* aus dem Jahre 1969 geht Miles Davis diesen Weg. Hier zeigt sich vor allem die Bedeutung von Räumlichkeit in der Musik. Hierauf achtet auch Sting. Man kann sicherlich sagen, daß er im Sinne dieser Herangehensweise oft geschrieben hat, so auch bei *Walking on the moon*. Dieser Song entfaltet aber auch noch auf der textlichen Ebene eine außergewöhnliche Wirkung. Durch die Korrespondenz der schwebenden Stimmung und der Sounds mit dem Titel und dem Textinhalt entsteht ein rundes Bild. Der Text erzählt von den großen Schritten die jemand auf dem Mond macht, den fehlenden Geräuschen dabei und dem Gefühl von der Illusion der Schwerelosigkeit. Dieser Text läßt beim Rezipieren Platz für Assoziationen, er lenkt in keine bestimmte Richtung. Es gibt ein lyrisches Ich und einen Ansprechpartner, der nicht definiert wird. Der Hörer bekommt die Möglichkeit, sich alles und jeden in den Text hineinzudenken, denn eine tiefere Botschaft wie in *Message in a bottle* oder *So lonely* gibt es hier allem Anschein nach nicht. Der Hörer soll vornehmlich zum Mitsingen animiert werden. Er ist im Rezipieren völlig frei. Dies ist unter anderem mit ein Verdienst der spartanischen Spiel- und Kompositionsweise: Sie läßt die Musik wirken.

5.4 Ergebnisse der ersten beiden Platten

Nach der Vorstellung der ersten beiden Platten von The Police und damit den ersten wichtigen Kompositionen von Sting sollen nun die Ergebnisse dieser Darstellungen zusamengfaßt werden. Die wohl wichtigste Erkenntnis ist die der eklektischen Arbeitsweise, was in diesem Zusammenhang nicht im negativen Sinne verstanden werden sollte. Sting hat mit The Police zu Beginn ihrer Karriere geschickt erkannt, welche Musikstile erfolgsträchtig sein könnten. Für eine Popband ist dies eine nicht zu unterschätzende Fragestelllung, da sie über den Erfolg oder Mißerfolg entscheiden kann. Es war Ende der Siebziger Jahre wahrscheinlich, daß Reggae und Punk erfolgsträchtig sein würden. Diese beiden Musikrichtungen stellten den Rock in den Hintergrund und hauchten der Popmusik wieder Leben ein. Vor allem der Reggae war für Sting sehr wichtig. Denn als Bassist mußte Sting vor allem in rhythmischer Hinsicht interessiert sein. Dieses Interesse kann im Reggae gut befriedigt werden, da er eine sehr rhythmische Musik ist, die zu spielen nicht leicht ist. Also schrieb Sting Songs, in denen diese Elemente deutlich wurden, so bei *Roxanne*: In der Strophe Reggae und im Refrain Punk-Rock. Weiterhin wichtig ist für die erste Phase von Stings Kompositionen der Text. Er scheint aus einem inneren Antrieb heraus geschrieben zu haben. Seine Texte spiegeln auf den ersten Platten einen recht zwiespältigen Charakter, der beißend ironisch und sehr lustig sein kann, doch meist seine Ängste, speziell die vor Einsamkeit darstellt. Er sagt es selbst: *„Loneliness hits me a lot. I glors in it“*[29]

Hier ist vielleicht auch ein Grund für den Erfolg zu suchen, denn als Hörer, speziell jugendlicher, fühlt man sich bei solchen Texten gut aufgehoben, kann doch jeder solche Ängste nachvollziehen. Für folgende Untersuchungen und Darstellungen ist noch ein drittes Ergebnis sehr wichtig festgehalten zu werden. Sting legt sehr viel Wert auf Raum in seinen Kompositionen, da die Melodie und der Text im Vordergrund stehen sollen. In diesem Zusammenhang ist die Struktur auch wichtig, denn um den Text gut in einen Song einzuweben ist die Struktur bedeutsam, um die einzelnen Textelemente zu verstehen und zu erkennen.

---

[29] **Sting, in**: *Sandford, Christopher,* STING-*Demolition man,* Little, Brown and Company, London, 1998, S.95.

Somit ist an Ergebnissen zunächst folgendes festzuhalten:

1. *Reggae, Rock und Punk sind die wichtigsten stilistischen Einflüsse bei den frühen Stücken von Sting*
2. *Texte haben einen starken persönlichen Bezug und sind wichtig für die Songstruktur*
3. *Raum und Platz deuten sich als wichtige Songelemente an*
4. *Einsatz von Effekten beinflußt die Atmosphäre einzelner Stücke (siehe Walking on the moon, Reggatta de Blanque als Titelsong der gleichnamigen zweiten Police-Platte)*

In den folgenden Kapiteln soll im weiteren die Entwicklung von Sting als Songwriter untersucht werden. Hierbei werden mehr und mehr verschiedene Stilrichtungen im Mittelpunkt stehen und textlich die Beschäftigung mit der politischen und kulturellen Seite des Lebens, was wiederum auch Einfluß auf die Musik hat.

6. Neuerungen ab 1980

6.1 Politische Inhalte und die Adaption elektronischer Elemente in die Musik

Die Platte *Reggata de Blanque* brachte für The Police und damit für Sting den Durchbruch zu Weltstars. Vor allem Sting stand in seiner Rolle als Songwriter und Sänger im Rampenlicht. Er wurde zu einem „Pin Up" in der ganzen Welt. Diese Entwicklung blieb nicht ohne Einfluß auf die Musik von Sting und *The Police*. Im Jahre 1980 wurde die Platte *Zyniatta Mondatta* veröffentlicht. Der Titel, der auf Sanskrit „Top of the World" bedeutet, spiegelt treffend die Situation von The Police wieder. Die Platte gelangte in kürzester Zeit an die Spitzen der Hitparaden und brachte mit *Don't stand so close to me* auch in Amerika die erste Nummer Eins. Musikalisch ist diese Platte aber ein Rückschritt. Die Songs klingen eher schnell produziert und lassen die zündenden Ideen der ersten beiden Platten vermissen. Lediglich der oben genannte Hit und *Driven to tears* konnten überzeugen. Bei *Driven to tears* deutet sich auch eine Veränderung der Schreibweise von Sting an. Er geht weg von den persönlichen Texten, in denen sich hauptsächlich alles um den eigenen Charakter dreht und die biographischen Bezüge im Vordergrund stehen. Durch die ausgedehnten Tourneen kam Sting mit The Police sehr viel in der Welt herum. Sie spielten als erste westliche Band in Indien, Ägypten und Afrika. Dadurch wurde Sting auf viele Dinge aufmerksam, die ihn vorher scheinbar nicht berührten. Hunger, politische Probleme, Diktaturen und Unrechtsregime zeigten sich auf den Tourneen in ihrer realen Form und blieben nicht ohne Einfluß. *Driven to tears* reflektiert diese Eindrücke. Es wird das Thema des Hungers gewählt, um dem Gefühl der Scham Ausdruck zu verleihen, das einen Bewohner der westlichen Welt ereilt, wenn er die Nachrichten sieht. Mit diesem Song beginnt bei Sting eine Denkweise, die sich sehr auf die Zustände in der Welt konzentriert. Ein weiterer Song, der in diese Richtung weiter voranschreitet und auch musikalisch Neuland betritt, ist *Invisible Sun* aus dem Jahre 1981. Das Stück erschien auf der Platte *Ghost in the machine*. Die trotz ihres großen Erfolges immer noch die grandiosen Ideen der frühen Platten vermissen läßt, aber schon wieder bessere Songs enthält.

6.2 Invisible Sun

Mit der Platte *Ghost in the machine* beginnt Sting sich immer tiefer mit zeitpolitischen Themen auseinanderzusetzen. Hierbei spielen zum einen die zunehmende Anonymität der Gesellschaft eine Rolle, zum anderen die Rolle des Menschen in einer Welt, die von der zunehmenden Technisierung geprägt ist. Anzeichen dafür ist schon das Plattencover. Auf diesem Cover sind die drei Gesichter der Mitglieder von The Police als LCD- Symbole wie sie auf den alten Computer-Programmen oder auch mobilen Taschenrechnern zu sehen sind, dargestellt. Man kann also keine Gesichter mehr erkennen, sondern nur noch anonyme Symbole, die für den Menschen stehen. Damit ist schon auf dem Cover die Richtung der Platte vorgegeben. Dieser Richtung folgen auch die meisten Stücke, die von zerbrochenen Charakteren handeln oder aber von der Menschheit in den frühen 80´er Jahren. Hier spielen die beginnende Überbevölkerung und Hunger ebenso eine Rolle, wie die Überflutung durch neue Technologien und vor allem die Medien, die ja in der heutigen Zeit, dem Jahre 2001, in einem unerträglichen Maß angeschwollen ist. Die musikalisch und textlich eindrucksvollste Darstellung dieser Entwicklungen ist der Song *Invisible Sun*. Bemerkenswert ist hier die Vermischung von elektronischer Musik mit akustischen Instrumenten, die im Einklang mit dem düsteren Text steht. Im folgenden soll dieses Stück nun näher betrachtet werden. Wichtig ist hier der Einsatz von Synthesizern und die damit evozierte Stimmung, welche den Text eindrucksvoll unterstützt.

Bei einer Betrachtung des äußeren Aufbaus des Stückes sind sich keine Besonderheiten festzustellen. Es hat vier Strophen, die klar erkennbar sind und drei Refrains. Auch harmonisch ist dieser Song einfach gehalten. Die Strophen sind aus zwei Akkorden aufgebaut Es 9 und C 9. Diese Akkorde werden von einer riffartigen Gitarrenmelodie umspielt. Die Spielweise ist monoton und kalt. Es gibt keine dynamischen Veränderungen. Ungewöhnlich ist die Schlagzeugbegleitung. Sie beschränkt sich lediglich auf einen Schlag der tiefeen

Tom-Tom-Trommel. Dieser Schlag kommt regelmäßig auf die zwei. Hierdurch ist die Strophe vom rhythmischen Geschehen her leer und bedrohlich. Doch das eigentlich Bemerkenswerte ist der Einsatz von Synthesizern. *Invisble Sun* wird getragen durch zwei getrennte Synthesizerspuren. Die erste enthält einen tiefen Bass-Sound. Dieser Sound erklingt in Achteln und verleiht dem Song sein Fundament. Gleichzeitig ersetzt er auch den natürlichen Bass und markiert einen Wendepunkt in Stings Schreibweise: Er verzichtet in der Strophe vollkommen auf sein Instrument und beschränkt sich auf den Gesang. Der Bass-Sound spielt die Grundtöne in taktigem Wechsel. Die zweite Synthesizerspur bringt einen hohen Sound, der typisch für die analogen Geräte der frühen Achtziger war. Er erinnert ganz entfernt an ein Akkordeon und bildet eine Fläche, welche die Illusion, es handle sich um Akkorde, entstehen lässt. Es ergibt sich für die Strophen also ein neues Instrumentarium, das wie folgt aussieht:

Synthesizerspur 1
Synthesizerspur 2
Stark reduzierte Schlagzeugbegleitung
Gitarre
Gesang

Der Refrain kann als Kontrast zu dieser völlig neu arrangierten Strophe gesehen werden. In ihm ist wieder ein echter elektrischer Bass zu hören und die Synthesizer verschwinden. Bass und Gitarre spielen ein Unisonothema, während das Schlagzeug stärker eingesetzt wird. HiHat und Becken sind nun zu hören, ebenso wie die Snare- und die Bass-Drum.

Notenbeispiel 6

Unisonothema Refrain *Invisible Sun*

Bei dieser Beschreibung des Arrangements ist man erstaunt, daß der Song eine so nachhaltige Rezeption erfahren hat, da hier, wie oben gezeigt, nichts Besonderes passiert: Einfache Harmonien, einfache Begleitungen auf Schlagzeug und Gitarre und auch in rhythmischer Hinsicht gibt es keine erwähnenswerten Besonderheiten. Was aber macht diesen Song aus, daß das zugehörige Video von der BBC England verboten wurde? Wodurch wird die düstere Stimmung evoziert, außer durch die Synthesizer?
Die Antwort hierauf, ist in zwei verschiedenen Bereichen zu suchen. Zum einen ist hier der textliche Bereich von Bedeutung, zum anderen sind es zeitpolitische Umstände. Nach Ende dieser Deutung soll generell die Rolle von Popsongs mit politischem Inhalt beleuchtet werden. Doch zunächst zum Text. Das lyrische Ich beginnt in der ersten Strophe mit zwei Forderungen. Diese Forderungen beziehen sich auf Krieg und Freiheit. In den ersten Zeilen will das lyrische Ich nicht mehr in einen Gewehrlauf blicken müssen und sich in Zukunft nicht mehr still verhalten, sondern den Befehlen der Soldaten zuwiderhandeln. In den Zeilen fünf bis acht verstärken sich diese Forderungen noch. Es möchte nicht mehr in einem Gefängnis an die Wände starren müssen und nicht mehr nur der Name in irgendeiner offiziellen Liste des Staates sein. Es wird hier eine Stimmung konstruiert, die an den Krieg erinnert. Bilder wie Gewehr, Soldaten, Gefängnis und Statisten beschwören die Anonymität und Unpersönlichkeit des Krieges. Betrachtet man jedoch die Jahreszahl, in der das Stück geschrieben wurde, 1981, so stellt sich die Frage nach der Motivation zu diesem Text. Hierzu ist es notwendig, sich die politische Situation Englands zu Beginn der Achtziger Jahre anzusehen. Neben der großen Rezession und den Problemen der Thatcher-Regierung war die Frage Nord-Irlands aktuell. Die Situation der IRA wurde schlimmer und die Kämpfe fanden immer weitere Höhepunkte. Ein vorläufiger Klimax dieser Entwicklung ist der Hungerstreik der IRA im Jahre 1981. Zu dieser Zeit lebte Sting mit seiner aus Nordirland stammenden Frau Francis Tommelty in Nordirland. Somit bekam er diese Entwicklung direkt mit. *Invisible Sun* ist eine Reaktion darauf und verzerrt den Sachverhalt in der Metapher der unsichtbaren Sonne, die jeden Menschen wärmen soll. Egal ob Weißer oder Schwarzer, egal aus welchem Land und egal aus welcher gesellschaftlichen Schicht. Im weiteren Songverlauf wird dieses Thema auch auf andere Gebiete des Lebens ausgedehnt. Die moderne Welt mit künstlichem

Licht, Qualm aus Fabrikschloten und einer Nacht, die künstlich zum Tag gemacht wird, werden beschrieben. In der letzten Strophe münden diese dunklen Bilder in den sinnlosen Mord an Menschen. Diese Sinnlosigkeit wird durch die Hyperbel *They would kill me for a cigarette* deutlich gemacht und betont. Der Text endet schließlich mit der Forderung des lyrischen Ichs, daß es jetzt noch nicht sterben möchte. Bei einer solchen Betrachtung des Stückes entfalten die musikalischen Mittel klar und deutlich ihre Bedeutung. Durch den Einsatz des Synthesizers, vor allem des bedrohlichen und ostinaten tiefen Baßsounds, wird eine kalte und technische Stimmung geschaffen. Diese korrespondiert mit den Metaphern von Gewalt, Anonymität und Technisierung. Auch das monotone Schlagzeug unterstützt dies. Es wird also eine Synthese von Musik und Inhalt erreicht. Durch den textlichen Hintergrund von *Invisible Sun* entstand auch ein aufsehenerregendes Video. In diesem Video sind nur Kriegsszenen in Schwarz-Weiß-Aufnahmen zu sehen in denen die Musiker selbst nicht erscheinen. Dieses Video wurde wie oben erwähnt von der BBC England verboten aufgrund des brisanten Inhalts.

Invisible Sun zeigt deutlich, wie wichtig verschiedene Parameter bei Popsongs sein können. Neben der Musik, die in diesem Fall elektronische Elemente mit akustischen mischt, sind Text und auch die momentane kulturelle oder politische Situation von Bedeutung. Aus diesem Grund scheint es sinnvoll, an dieser Stelle auf grafischer Ebene die verschiedenen Parameter darzustellen, die auf einen Popsong einwirken und zu seiner Entstehung beitragen können. Dies sind nicht nur musikalische Einflüsse, sondern auch andere, die schon angesprochen worden sind. Darum sollten diese auch dargestellt werden, um die komplexen Vorgänge einzufangen, die bei der Entstehung eines Songs zusammenwirken können.

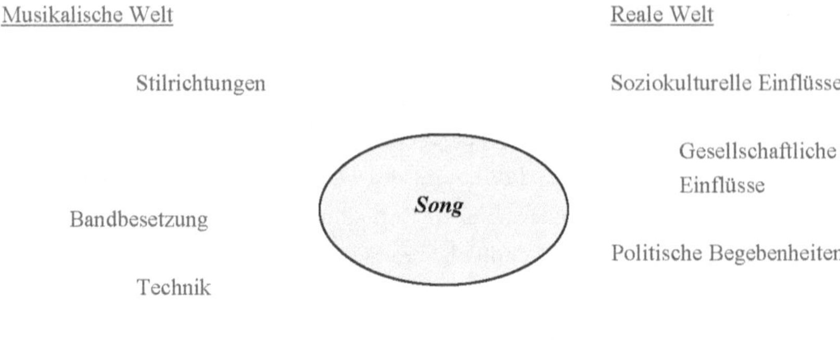

Zweck dieser Graphik soll sein, zu zeigen, daß Popsongs oft die Gegenwart sehr direkt reflektieren und sie dabei künstlich verzerrt darstellen können. Bei einer historischen Betrachtung der vergangenen Jahrzehnte ist die Tragweite solcher Popsongs nicht von der Hand zu weisen. Sie bewirkten natürlich politisch keine Verändeungen, waren aber das Sprachrohr für die Gefühle von Millionen Menschen. Hier sind als Beispiel die Songs der Beatles aus den späten 60´er Jahren zu nennen, welche die Aufbruchsstimung und psychologische Situation der Menschen dieser Zeit spiegelten. In ähnlichem Sinne können auch die Songs und Texte von Bruce Springsteen gesehen werden. In seinen Songs reflektiert Springsteen das Amerika der 70´er und 80´er Jahre und fungiert so als eine Art Chronist, der die Situation des durchschnittlichen Amerikaners beschreibt. Er hat in seinen Songs quasi eine ganze Dekade eingefroren und ein detailliertes Bild der amerikanischen Gesellschaft gezeichnet. Nicht umsonst wird Springsteen deswegen als „die Stimme Amerikas" angesehen. Popsongs nehmen in unserer heutigen Gesellschaft eine tragende Rolle ein, sie transportieren Gefühle und Einstellungen, politische Inhalte und kulturelle Themen, ebenso wie Triviales, Nichtssagendes und schlichtweg Überflüssiges. R. Flender und H. Rauhe gehen in ihrem *Buch Popmusik-Geschichte, Funktion, Wirkung, Ästhetik* so weit zu sagen, daß diese Musik einen jugendlchen Menschen soweit beeinflußt, daß ein Selbstentfremdungsprozess einsetzt und der Jugendliche nicht mehr in der Lage ist ein eigenes Ich zu entwickeln. Dies hinge unter anderem damit zusammen, daß die äußere Faktur eines Pop-Songs den jungen Hörer in eine Art pränatalen Zustand zurückversetze. Dies erklären sie mit dem

Beat, der für sie eine anthropologische Bedeutung habe: Im Mutterleib ist der Mensch dem Herzschlag seiner Mutter neun Monate ausgesetzt. Dadurch finde eine rhythmische Programmierung statt, die Menschen ein Leben lang begleiten würde. Das Tempo des Herzschlags beträgt ungefähr 120 Schläge in der Minute, das gleiche Tempo, das auch gerne in der Pop-Musik verwendet wird. Durch die Rezeption eines Pop-Songs „kriecht" der Hörer gleichsam in den *„magischen Uterus der rhythmisch pulsierenden Klangwelt hinein, die ihn unbewußt an das vorgeburtliche Stadium erinnert und ihm auf dem Wege der Regression wohlige Geborgenheit und emotionale Sicherheit vermittelt"*[30]. Die beiden Autoren gehen so weit und sprechen von einer Entsozialisation des jungen Rezipienten[31]. Dieser Betrachtungsweise liegt eine betont negative und von Vorurteilen beeinflußte Sichtweise zu Grunde, die vielfach an die antiquierten Ängste der Elterngenerationen beim Aufkommen des Rock'n'Roll in den 50'er Jahren erinnert oder an die Vorbehalte dem Jazz gegenüber, die der Jazz über Jahrzehnte bekämpfen mußte. Richtig ist sicherlich, daß Popmusik die Wirklichkeit sehr stark verzerren kann, daß Popmusik leider in der Lage ist, mit Luftschlössern und künstlich aufgebauten Stars die Naivität der jungen Rezipienten auszunutzen und dabei nicht mehr viel mit Kust oder Musik zu tun hat. Aber es wird außer Acht gelassen, wie motivierend und anregend diese Musik sein kann. Und das nicht nur im Sinne von ekstatischen Gefühlen oder der Lust zu Tanzen, sondern auch auf intellektueller Ebene. An diesem Punkt ist es Zeit, wieder zu den obigen Ausführungen zu *Invisible Sun* zurückzukommen. In diesem Song werden zeitkulturelle und -politische Themen in einer phantasievollen und kreativen Art und Weise aufgegriffen, die den Rezipienten zum Nachdenken anregen, vielleicht sogar zur Beschäftigung mit dem Thema des Krieges oder dem speziellen Fall in Nordirland. Im Bezug zu diesem Punkt ist die Musik von Sting ein Zeichen für sinnvolle und intelligente Bearbeitung von alltäglichen als auch tiefgreifenderen Themen wie Psychologie oder Historie. Es wird hieran auch deutlich, wie zwiespältig die Popmusik in sich schon ist. Auf der einen Seite gibt es die von Flender und Rauhe vorurteilbelastete Sichtweise und zum anderen das Gegenteil, wie beispielsweise

---

[30]**Flender, R., Rauhe,H.**, *Popmusik-Geschichte, Funktion, Wirkung, Ästhetik*, Wissenssschaftliche Buchgesellschaft, Darmstadt, 1989, S.161.
[31] **Vgl. Ebd.**, S.159f.

in einem Song wie *Invisible Sun*, in dem der Rezipient durch den Text und auch durch das Video zum Fragen und Nachdenken angeregt werden kann.

6.3 Auflösung von The Police und das Album Synchronicity

Nach der Platte *Ghost in the machine* verschlechterten sich die Umstände um Sting. Durch das Scheitern seiner Ehe mit Francis Tomelty, das sich immer deutlcher abzeichnete und die gerichtliche Anfechtung seines Vertrages mit Virgin Records, den er im Jahre 1977 geschlossen hatte, veränderte sich Sting. Die Rivalität mit Stewart Copeland wuchs in dem gleichen Maße, in dem er sich immer weniger wohl fühlte in seiner Rolle als Rockmythos, zu dem ihn die Medien gemacht hatten. Der gesamte Starrummel wurde zuviel: Die Trennung von Tomelty wurde in den Zeitungen breitgetreten und auch seine neue Beziehung mit der Schauspielerin Trudie Styler, während The Police weiterhin touren und arbeiten mußten. Außerdem waren sie immer noch in einem unnatürlichen Maße erfolgreich. Ein Mensch, der unter solchen Umständen leidet, kann in eine tiefe Identitätskrise gestürzt werden. So war es bei Sting auch der Fall. Der Zwiespalt zwischen dem öffentlichen Erfolgsdruck und dem Wunsch nach persönlichem Rückzug wuchs an und ist nicht ungewöhnlich für Persönlichkeiten des öffentlichen Lebens. Doch besonders bei einem kreativen Künstler können solche Situationen schnell zu größeren Problemen führen, die auch nicht ausblieben: Zerbrochene Beziehungen, Drogen und psychiche Probleme kennzeichneten die Zeit um und nach *Ghost in the machine*. Es bietet sich für einen Künstler aber auch die Möglichkeit einer Kompensation der Lage durch und mit Kreativität. Diesen Weg ist Sting schließlich auch gegangen. Beeinflußt durch die Synchronizitätslehre des berühmten Schweizer Psychiaters C.G Jung, dessen Schriften sehr wichtig für ihn wurden, begann er zum Jahreswechsel 1982/83 die Stücke für die Platte zu schreiben, die auch die letzte Police-Platte werden sollte. Im folgenden kann diese nicht näher besprochen werden, da spätere Kompositionen stilistisch ergiebiger sind und somit im Sinne der Arbeit bevorzugt behandelt werden sollten. Inhaltlich ist die Platte *Synchronicity* jedoch musikalisch und textlich von einer Dichte, die

beeindruckend ist. Deswegen sollen kurz ein paar der wichtigsten Songs angerissen werden.
Wie bereits erwähnt lautet der Titel *Synchronicity*. Mit diesem Titel gehen The Police auf die Synchronizitätslehre Jungs zurück. Zwei Songs von Sting beschäftigen sich damit. In kurzen Zügen soll die Basis dieser Theorie hier umrissen werden. Bei der Synchronizitätslehre handelt es sich um, wie der Name schon sagt, etwas Paralleles, Gleichzeitiges. Jung verwendet den Begriff der sinngemäßen Koinzidenz zweier oder mehrerer Ereignisse. Hierbei muß differenziert werden zwischen einer bloßen Zufallswahrscheinlichkeit und einer sinngemäßen Koinzidenz. Unter einer Zufallswahrscheinlkichkeit versteht man das zufällige und meist höchst unwahrscheinliche Eintreten von Ereignissen, beispielsweise das Vorkommen der gleichen Nummer auf einem Bahnticket und einer nach dem Bahnticket erhaltenen Telefonnummer. Die sinngemäße Koinzidenz hingegen geht viel weiter. Sie bezieht sich auf Vorausahnungen, Träume Déjà-vu-Erlebnisse, die auf einmal real werden[32]. Tiefer kann hier nicht in die Materie eingedrungen werden. Es soll aber ausreichen, um die folgen Ausführungen nachzuvollziehen.
Wie geht Sting mit diesem Thema um? Er verwendet es als Zerrspiegel der Realität, in dem sicherlich auch biographische Bezüge zu entdecken sind. Hierzu schreibt er zwei Stücke: *Synchronicity I* und *Synchronicity II*. Teil I befasst sich mit der allgemeinen Seite von Jungs Lehre. Möglichkeiten werden beschrieben, Dinge und Allgemeinplätze, die gleichzeitig passieren können. Im Refrain wird eine abstrakte Zusammenfassung der Idee der Synchronizität gegeben

A connecting Principal
Totally invincible
Almost imperceptible
Something inexpressible
Sience insusceptible
Logic so inflexible
Totally connectible
Nothing is invincible

[32] **Vgl. Jung, Carl Gustav**, *Über Synchronizität*, in: *Grundwerk C.G. Jung*, Band Zwei, Walter-Verlag Olten und Freiburg im Breisgau, 1984, S.279ff.

Mit diesem Refrain ist sowohl die Idee, als auch die Konsequenz der Synchronizitätslehre adäquat dargestellt. Sie tritt als ein verbindendes Prinzip auf, ist unsichtbar und doch immer da. Deswegen ist sie nicht zu überwinden und beeinflußt alles.

Neben dieser allgemeinen Darstellung findet in Teil II eine persönlichere Auseinandersetzung mit dem Thema statt. Hier werden textlich zwei Ereignisse verbunden: Es wird die Situation eines Familienvaters beschrieben, dem die ganze Langeweile und Mickrigkeit seines Lebens klar wird, in dem er eigentlich nichts erreicht hat. Seine Gedanken und Umwelt werden am Beispiel eines normalen Arbeitstages beschrieben, an dem der Vater und seine Familie nur Negatives erleben. Zeitgleich taucht aus einem alten schottischen See ein Ungeheuer langsam auf. Bei einer Deutung dieses Textes im Sinne der Synchronizitätslehre kann eine kausale Verknüpfung erstellt werden. Dem Vater werden mit einem Mal seine Fehler klar in Form von Gedanken die er zuläßt, die also aus seinem Unterbewußtsein endlich an die Oberfläche kommen. Ebenso kommt weit entfernt nach langer Zeit ein Ungeheuer an die Oberfläche des Sees, auf dessen Grund es lange auf das Auftauchen gewartet hat.

Sting hat hier zwei Texte geschrieben, die durch die Schriften eines Psychiaters inspiriert wurden und versucht, dessen Ideen zu verarbeiten, um textlich Neuland zu betreten und höchstwahrscheinlich auch, um seine eigene missliche seelische Gesamtverfassung zu kompensieren. Hieran zeigt sich einmal mehr, wie offen und interessiert ein Künstler an Neuem und Ungewöhnlichem sein kann. Im weiteren Verlauf der Platte dominieren schwierige Themen und Texte, die von einer problembelasteten Seele zeugen: Düstere Visionen vom Ende der Menschheit *(Walking in your footsteps*), Einsamkeit *(Oh my god*) und seelischer Tortur*(King of pain)* tauchen in den Texten auf. Bekannte Themen, die aber selten in dieser offenen, aber manmchmal auch plakativen Art dargeboten wurden. Der größte Hit der Platte ist *Every breath you take.* Eine Midtempo-Popballade, die schon in ihrem Ansatz als Hit konzipiert ist. Auch hier ist der Text wichtig.

Es geht um Eifersucht und Besitzansprüche in einer Liebesbeziehung, Bereiche des Lebens die wohl jeder in irgendeiner Form kennt. Bedeutsam ist auch die Ambivalenz dieses Textes. Er kann als sentimentaler und trauriger Liebestext empfunden werden, in dem der verschmähte Liebhaber den Verlust seiner

Geliebten beklagt. Ebenso kann er aber auch als Dokument eines extrem eifersüchtigen und besitzergreifenden Charakters verstanden werden. Weiter erwähnenswert ist auch das letzte Stück der Platte zu sein, *Tea in the Sahara*, das textlich auf dem Buch *The sheltering sky* von Paul Bowles basiert. Es ist das beiweitem künstlerisch wertvollste Stück der Platte und erinnert von seiner musikalischen Faktur her stark an *Walking on the mooon*, da es auch auf einer einfachen Basslinie basiert. Atmosphärisch ist es sehr dicht, obwohl es musikalisch einfach gehalten ist. Es ist spartanisch arrangiert, wirkt geheimnisvoll und weit in seiner Wirkung. Hier entfalten auch wieder Musik und Text eine starke Wirkung, da sie eine Fülle von surrealen Bildern beim Hören erzeugen. Der Text handelt von der Idee mehrerer Geschwister, in ihrem Leben einmal in der Sahara Tee zu trinken. Dieser Wunsch soll ihnen von einem Mann erfüllt werden, der jedoch sein Versprechen bricht. Dieses Stück entführt den Hörer auf eine weite Reise, die reich an Bildern und Stimmungen ist. Nur ein offener Text mit einer ebenso offenen und freien Musik kann dies erreichen. Mit diesem ruhigen und kargen Stück endet die Platte und auch die Karriere von The Police, die sich nach dieser Platte und der überaus erfolgreichen Tournee auflösten. *Synchronicity* hielt sich mehr als siebzehn Wochen in den Top Ten von Amerika und England, weltweit ausverkaufte Konzerte und Gagen von bis zu einer Millionen Dollar pro Abend waren das Resultat[33]. Den Höhepunkt bildete das Konzert im Shea Stadium, in dem auch die Beatles das erste Stadion-Konzert der Geschichte gaben. Mehr als 70 000 Zuschauer sahen The Police. An diesem Punkt am 18. August 1983 entschied sich Sting aufzuhören. Die Spannungen innerhalb der Band waren zu stark geworden, die Ego-Kämpfe nicht mehr auszubalancieren, da Sting ausschließlich seine Songs spielen wollte und nicht die seiner Bandkollegen. Es gab auch nichts mehr zu erreichen. The Police waren so erfolgreich wie die Beatles und verkauften Millionen Platten. Mit *Every breath you take* hatten sie die erfolgreichste Single des Jahres 1983, dem gleichen Jahr, in dem Michael Jackson mit *Thriller* anging sämtliche Rekorde zu brechen. An diesem Vergleich ist der immense Status von The Police zu sehen, denn einen Konkurrenten wie Michael Jackson hinter sich zu lassen, bedeutet schon etwas. Sting formulierte es so: *„You can't do it better"*[34]

[33] **Vgl. Sandford, Christopher**, STING-*Demolition man*, Little, Brown and Company, London, 1998, S.138ff.
[34] **Sting, in**: *The Police-From Outlandos to Synchronicities*, PolyGram Video, 1995.

The Police spielten noch einmal im Jahre 1986 zusammen einige Konzerte für Amnesty International. Zu dieser Zeit hatte Sting aber schon seine Solokarriere auf den Weg gebracht, die nun im folgenden Gegenstand weitere Auslegungen sein soll.

Zweiter Teil

1. Beginn der Solokarriere

1.1 Die erste Soloplatte

Nach dem Split von The Police, der bis heute nie offiziell bestätigt wurde, begann Sting im Jahre 1985 seine Karriere als Solokünstler. In dieser Karriere hat er bis heute mit der im Spätsommer 2003 erscheinenden CD *Sacred Love* acht Soloplatten eingespielt mit wechselnden Musikern, die auschließlich zu den weltbesten Studio- und Livekünstlern zählen. Den Beginn dieser Karriere bezeichnet die Platte *The dream of the blue turtles*. Sie ist ein Wendepunkt in Stings Arbeit. Mit der Musik von The Police war er in eine Sackgasse geraten, da in ihrer Wirkung nur noch vorhersagbare Popsongs produziert wurden, die Futter für die Hitparaden waren und seiner Meinung nach den künstlerischen Anspruch vermissen ließen. Es änderte sich nichts mehr, da der Höhepunkt längst überschritten war. Konsequenterweise entschied sich Sting gegen The Police und gründete eine neue Band, deren Zukunft unbestimmt war und im Popbusiness ein großes, nicht kalkulierbares Risiko darstellte. Denn die Musiker für die oben gnannte Platte kamen allesamt aus dem Jazz, waren dort gestandene Größen und Schwarze. Abgesehen von den viel größeren Fähigkeiten an ihren Instrumenten mußte Sting nun beweisen, was wirklich in ihm steckte. Jetzt hatte er die Jazz-Musiker von denen er immer geträumt hatte und konnte die Musik machen, die er wollte. Dieser Anspruch der alleinigen künstlerischen Kontrolle, der schon bei The Police zu Problemen führte, war für ihn auch in dieser Band nicht einfach zu realisieren, doch waren nun die Rollen verteilt: Sting war der Sänger und Komponist ohne jede Einschränkung. Ein besseres Funktionieren der Arbeit konnte sich so einfacher einstellen. Sting kündigte diese Band unter folgenden bedeutungsschwangeren Worten an: *Pop is dead- And one of the reasons it's dead is it's become reactionary and racist...My new Band is an open challenge to that system.*[35] An diesem Zitat, das sicherlich übertrieben und

[35] **Sting, in**: Sandford, Christopher, STING-*Demolition man*, Little, Brown and Company, London, 1998, S.168.

pathetisch ist, wird deutlich, wie wichtig diese Band für Sting war. Nicht nur weil er von dem gesamten Popbuisiness enttäuscht war, sondern auch weil er mit ihr beweisen mußte, daß er nicht ein weiterer Rockstar war, der nach den erfolgreichen Jahren als Frontmann einer berühmten Band in der Vergessenheit versinkt. Das Ergebnis wurde trotz aller Kritikerstimmen, des immensen Drucks und anfänglicher Schwierigkeiten erstaunlich und zeigte Sting als Komponisten und Texter von einer ganz anderen Seite, einer Seite die bisher nicht zum Vorschein kam. Im folgenden soll diese Platte nun näher dargestellt werden. Im Zentrum der Ausführungen werden zwei Stilrichtungen stehen, die Sting in hohem Maße in die Kompositionen hat einfließen lassen Auf der einen Seite Jazz und auf der anderen Seite Klassik. Wichtig werden bei den Untersuchungen vor allem zwei Stücke sein: *Russians* und *The dream of the blue turtles*. Bei den Betrachtungen werden einmal mehr die Texte zu untersuchen sein, die in neue Richtungen gehen und sehr ambitioniert erscheinen.

1.2 Russians

Russians ist das dritte Stück der Platte und beinhaltet die Adaption eines Themas des russischen Komponisten Sergej Prokofiev. Sting verwendet dessen Thema aus der Suite zu dem Film „Leutnant Kijé“ aus dem Jahre 1933/34, Op.60. Von seiner Anlage her ist das Stück einfach gehalten, denn es gibt keine Rockschlagzeugbegleitung oder Soloparts. Es werden Synthesizer und klassisches Schlagzeug als Klangfarbe eingesetzt, die den hohen und klaren Gesang lediglich unterstützen. Dieser Gesang verleiht dem Stück eine tiefe Ernsthaftigkeit und Eindringlichkeit die mit dem Thema des Texte in Korrespondenz steht. Doch zunächst zu der Harmonik des Stückes. *Russians* steht im 4/4 Takt und soll andante in c-moll gespielt werden, das auch durch die Dominante G bestätigt wird. Der harmonische Ablauf ist durch regelmäßige Akkordwechsel auf jeder Zwei oder jeder Vier gekennzeichnet. Es werden bis auf einen Gsus7 und den GDur Akkord nur leitereigene Akkorde aus der Tonleiter des natürlichen oder auch äolischen Moll verwendet. Der harmonische Verlauf tendiert zu einem kontrapunktischen Verlauf zur Melodie, dh., wenn die Melodie ansteigt bewegen, sich die Hamonien in großen Sekunden abwärts, wenn sie absteigt, dann bewegen sie sich oft in Sekunden nach oben. Der einzige auffällige Harmoniewechsel ist in den Takten 17, 33 und 57 zu hören. Hier folgt auf den GDur Akkord ein EsDur, also die Tonikaparallele von cmoll. Nach dem GDur entsteht so ein Sprung von einer kleinen Sexte, der das Stück öffnet und harmonisch aufhellt. Dieser Sprung ist nicht ungewöhnlich, steht aber in direktem Bezug zu dem Text, dessen Inhalt so betont wird. Dazu an geeigneter Stelle jedoch mehr. Harmonisch bewegt sich *Russians* also in geordneten Bahnen, die zu dem disziplinierten Vortrag passen und die Ernsthaftigkeit und Schwere des Inhaltes unterstreichen. Wie sieht es nun mit dem erwähnten Thema von Prokofiev aus? Sting übernimmt sein Thema wörtlich, d.h. er verändert es nicht. Hierzu folgende Notenbeispiele:

Prokofiev: Leutnant Kijé   Sting: Russians

Laut Sandford handelt es sich bei dieser Melodie um einen Teil eines Bass-Solos aus Prokofievs Suite[36]. Es liegt hier die Vermutung nahe, daß Sting mit aus diesem Grund diese Melodie ausgewählt hat, da er ja von Haus aus Bassist ist und so sicherlich einen guten Zugang zu ihr finden konnte. Hieran zeigt sich einmal mehr, wie sorgsam Sting in dieser Zeit seiner Karriere gearbeitet haben muß und mit welcher Energie er sich neue musikalische Wege erschließen wollte. Denn es ist sicherlich nicht alltäglich, daß sich Rockmusiker mit Suiten klassischer Komponisten beschäftigen, um diese zu zitieren.

Betrachtet man das Arrangement, so fällt auf, daß hier auf verschiedenen Ebenen gearbeitet wird und sämtliche Elemente wohlüberlegt eingesetzt werden.

[36] **Vgl. Sandford, Christopher**, STING-*Demolition man*, Little, Brown and Company, London, 1998, S.164.

Das von Beginn an gezählte acht Takte umfassende Intro eröffnet das Stück mit Realgeräuschen. Es ist das Ticken eines Weckers zu hören, das mit einem Stimmenwirrwarr gemischt wird. Die Stimmen klingen wie aus einem Funkgerät, vielleicht einem Militärfunk. Auf der linken Seite ist eine russische Stimme zu hören, während auf der rechten Seite Englisch zu hören ist. Hier wird gleich zu Beginn eine Stimmung evoziert, die versucht durch das Ticken des Weckers Bedrohung auszudrücken. Das Ticken soll vielleicht an unsere Zeit erinnern, die langsam abläuft. Die erste Strophe ist dementsprechend düster arrangiert. Sie ist getragen durch einen leicht anschwellenden Synthesizersound, der die Akkordwechsel übernimmt, die von einem Fretless-Bass begleitet werden. Nach 25 Takten von Beginn des Intros gezählt kommt ein zweiter Synthesizer hinzu, der ein bestimmtes zerlegtes Pattern spielt. Sein Klang ist betont technisch und kalt. Hier können Parallelen zu *Invisible Sun* gezogen werden, wo der Synthesizer in ähnlicher Form eingesetzt wurde. An diesem Istrumentalarrangement ändert sich in dem gesamten Stück nichts mehr. Die Sounds bleiben die gleichen und auch die Spielweise verändert sich nicht in der Dynamik. Lediglich bei dem oben beschriebenen Prokovief-Thema kommt ein neues Element hinzu: Weit hinten im Raum ist ein tiefer bedrohlich wirkender Gong zu hören, der weit verhallt und ganz in den Hintergrund gemischt wurde. Auch entsteht vor allem bei dem Prokofiev-Thema durch den ostinaten Bass eine bedrohliche und monotone Stimmung, die an Mussorgskys *Bilder einer Ausstellung* erinnern. Das Thema wird mit einem Synthesizer Sound gespielt, der zugleich technisch, als auch ein bißchen nach einem Akkordeon klingt und in Takt 41 einsetzt. Begleitet wird das Thema noch von einem hohen Glockenspiel, wodurch auch wieder russisches Klangkolorit hinzukommt. Nach der folgenden Strophe wird das Thema mit einem trompetenähnlichen Sound gespielt der weicher ist und nach den eindringlichsten Teilen des Textes einsetzt. Vielleicht soll hier dem Rezipienten Zeit gegeben werden, über das Erzählte nachzudenken, zumal dieser Klang auch eine melancholische Stimmung verbreitet. An dieses Thema schließt sich ein weiterer Teil der Strophe an, der als eine Art Refrain gesehen werden kann. Das Stück endet mit Prokofievs Thema, gespielt mit dem technischen Sound aus Takt 41f. Zusätzlich werden in den Hintergrund Glockengeläut und tiefe Pauken gemischt, die das Gefühl der Bedrohung und das russische Klangkolorit noch verstärken. Das Stück verschwindet mit einem langsamen Fade Out und endet mit dem Ticken des Weckers aus dem Intro. Der Übersicht halber soll der gesamte Songablauf nun in Tabellenform dargestellt werden.

Songablauf Russians

	Intro	**1.Strophe**	**2.Strophe**	**Prokofiev Thema**	**3.Strophe**	**Prokofiev Thema**	**4. Strophe halbe Länge**	**Prokofiev Thema**
Takt	**1-8**	**9-24**	**25-40**	**41-56**	**57-72**	**73-81**	**82-89**	**90-115**

Um diese eingesetzten Stilmittel zu verstehen und das düstere, monotone Arrangement richtig zu durchschauen, bedarf es eines Blickes auf den Text. Er handelt von dem Kalten Krieg und der nuklearen Bedrohung durch die beiden ehemaligen Supermächte Sowjetunion und die Vereinigten Staaten von Amerika. Das lyrische Ich beschreibt die Angst in Europa und Amerika vor den Russen. An dieser Stelle ist ein kurzer historischer Einschub notwendig. Im Jahre 1985 wurde die nukleare Bedrohung immer stärker. Der damalige US-Präsident Reagan arbeitete an seinem SDI-Programm und die Russen rüsteten ihrerseits weiter auf. Die Stimmung zwischen dem West- und Ostblock war denkbar schlecht. Mit den Nuklearwaffen die in dieser Zeit verfügbar waren, konnte die Menschheit sich mehrfach „aus eigener Kraft“ auslöschen. Diese mögliche massive Bedrohung ist dann auch Gegenstand von *Russians*. Das lyrische Ich zitiert Chruschtow und Reagan, denen es nicht glaubt. Vor allem die Angst um sein Kind quält es:

How can I save my little boy
From Oppenheimers deadly toy?

Diese Frage beinhaltet viel von den damaligen Ängsten, die sich vor allem in der Frage manifestierten, wie die Welt in der Zukunft überhaupt noch angesichts dieser Bedrohungen existieren soll. Eindringlich ist deswegen die Berufung des lyrischen Ich auf die Gleichheit aller Menschen und der menschlichen Rasse.

We share the same biology
Regardless of ideology
What might save us me and you
Is that the russians love their children too

Nach seiner Meinung kann man nur hoffen, daß auch die Russen ihre Kinder lieben und sich vielleicht dieselben Gedanken über deren Zukunft machen, wie es das lyrische Ich tut. Diese Textstelle und die jeweiligen Zitate Chruschtschows und Reagans werden über der oben beschriebenen Stelle mit dem Es-Dur Akkord gesungen. Somit werden die wichtigsten und eindringlichsten Aussagen des lyrischen Ichs auch musikalisch an exponierter Stelle gemacht. Doch nicht nur an dieser Passage zeigt sich die Einheit von Text und Musik. Das ganze Stück verbindet Text und Musik passend; die Auswahl des Themas eines russischen Komponisten für ein Stück über Russen bringt das geeignete Lokalkolorit in die Komposition, welche den Song äußerst stimmig und glaubwürdig erscheinen läßt. Auch die Wahl eines Themas aus der klassischen Moderne verleiht dem Lied noch einmal mehr Nachdruck. Natürlich ist die Arbeitsweise in diesem Stück vorhersehbar und auch die Wahl der Soundeffekte liegt auf der Hand und ist etwas klischeehaft, doch mit genau solch einfachen Mitteln läßt sich im Rahmen eines Popsongs Atmosphäre erreichen, genau so kann der schmale Grat zwischen Experiment und Mainstream erfolgreich und mit Anspruch beschritten werden. Sting hat mit *Russians* auf gelungene Art und Weise Elemente aus der klassischen Moderne in den Rahmen eines Popsongs eingebaut. Auch bei weiteren Kompositionen dieser Platte werden Stilelemente aus der Klassik in die Lieder eingebaut. So beispielsweise bei *Moon over Bourbon Street*, wo die Basis des Stückes eine Jazz-Begleitung auf dem Kontrabass und der HiHat ist, während sämtliche weitere Klangfarben und Instrumentalarrangements an barocker Kammermusik angelehnt sind.

1.3 The dream of the blue turtles

Das vollkommene Gegenteil zu *Russians* stellt der Titelsong der Platte dar. *The dream of the blue turtles* ist ein Instrumentalstück in schnellem Tempo, das von der Spielweise her an Jazz erinnert, nur die Struktur mit einzelnen, streng vorgeschriebenen Teilen folgt eher Regeln des Rock-Popliedes. Es ist in der klassischen Besetzung mit Drums, Bass, Saxophon und Klavier eingespielt und zeigt eine neue Seite in Stings Schreibweise, nämlich den Jazz, der zwar hier und da schon als Inspirationsquelle augenscheinlich wurde, jedoch noch nie in so auffälliger und offensichtlicher Art und Weise wie hier. Sting hätte mit diesem Stück beinahe den Grammy für die beste Jazz-Komposition bekommen und war neben Größen wie Wynton Marsalis, dem Bruder seines Saxophonisten Branford, nominiert. Er bekam den Grammy nicht, was letztendlich gut war, da Wynton ohnehin schon mit Sting auf Kriegsfuß stand, der seinen Bruder mit Geld in das Popbusiness locken konnte. Das war einem echten Jazzer wie ihm natürlich nicht geheuer. Nichtsdestotrotz ist *The dream of the blue turtles* ein ungewöhnliches Stück das Vitalität und Energie ausstrahlt, was für Sting zu dieser Zeit nicht unbedingt normal war. Betrachtet man den Aufbau des Stückes, fällt zunächst die Kürze auf. Denn es ist Eine Minute und Siebzehn Sekunden lang. Beim äußeren Aufbau fällt der verkürzte B-Teil auf. Er ist sieben Takte lang, während Teil A acht Takt lang ist. Auch der Imoprovisationsteil ist mit 17 Takten eher ungewöhnlich von der Länge. Hieran wird schon ersichtlich, daß dieses kurze Stück experimentellen Charakter im Kontext einer Pop-Platte hat. Vor allem auf dieser Platte hat es den Anschein, als wolle der Komponist seine Pop-Vergangenheit vergessen machen, um sich nun höheren musikalischen Aufgaben zu widmen.Wo sind nun die Spuren von Jazz in dem Stück auszumachen? Augenscheinlich ist es zunächst der Rhythmus. Bei ihm handelt es sich in Teil A um einen klassischen Swing-Rhythmus, der den typischen Swinggroove erzeugt. Hierbei spielt die Hihat eine Viertel auf die eine Achtel mit einer Sechzehntelnote folgt. Die HiHat ist auf der ersten Viertel geöffnet, während die folgenden beiden Noten mit geschlossener HiHat gespielt werden. Die Snare wird immer auf die vierte Zählzeit gesetzt und zwar als Rim-Klick. Dieser Rhythmus ist in hunderten Jazz-Stücken zu finden und wohl das, was ein Rezepient unter typisch traditionellem Jazz verstehen würde.

Notenbeispiel 7

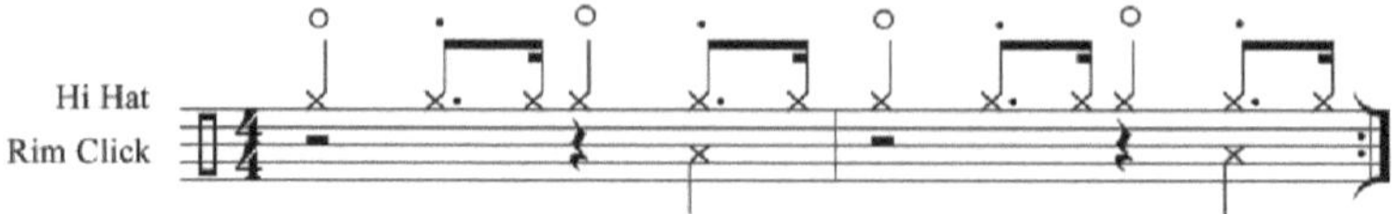

Schlagzeupattern Teil A *The dream of the blue turtles*

Bass, Saxophon und Piano spielen dazu das Thema unisono. Hierbei wird man an Bebop erinnert, bei dem auch die Themen oft in rasantem Tempo unisono gepielt werden. Das Thema ist tonal nicht eindeutig zuzuordnen, es besteht aus einem gleichmäßig verschobenen Melodie und Rhythmuspattern, dessen Intervalle und Betonungen gleich bleiben. Besonders an der melodischen Konstruktion ist der Bezug zum Bebop ersichtlich. Nach Joachim E. Berendt ist die verminderte Quinte das „Lieblingsintervall" des Bebop[37]. In dem vorliegenden Stück von Sting ist die verminderte Quinte grundlegend für die Melodik. Das aus vier verschobenen Melodiesegmenten bestehende Thema enthält in den ersten drei Segmenten jeweils auf der dritten Zählzeit eine verminderte Quinte: des, ces und heses. Hier steht die verminderte Quinte immer auf der dritten betonten Zählzeit und somit in exponierter Stellung. Es kann für Thema A eindeutig eine Verwandschaft im Sinne von Berendt zum Jazz konstatiert werden, wenn diese auch nicht tiefgehend, sondern eher klischeehaft und plakativ ist, aber sie ist da.

Das nach acht Takten einsetzende Thema B ist nicht so einfach in eine Stilverwandtschaft einzuordnen. Tonal wird immer noch die modale Arbeitsweise aus Thema A genutzt. Nur ist der Rhythmus stark abgeändert und wirkt durch die schnell repetierenden Betonungen aggressiv. Das Thema klingt jetzt nicht mehr nach Swing, sondern hat eine undefinierbare Stimmung, die vielleicht allerhöchstens mit dem Titel in Verbindung gebracht werden kann.

[37] **Vgl. Berendt, Joachim, E.,** *Das große Jazzbuch*, Fischer Taschenbuchverlag, Frankfurt am Main, 1986, S. 188.

Denn das Aufdringliche und Anstrengende könnte an Tauben oder Vögel im allgemeinen erinnern, die mit ihrem Zwitschern die Nerven stark reizen können. Hierzu kommt auch eine ungewöhnliche Schlagzeugbegleitung, die im Vergleich zu der ersten Swing-Begleitung völlig aus dem Rahmen fällt und den Rezipienten mehr als ratlos zurückläßt: Auf jeder Eins und Drei weden jetzt ganz plump Snare und Bassdrum im Wechsel gespielt. Dieser Rhythmus ist allerhöchstens in einem Rockzusammenhang zu definieren, wenn er denn einen Sinn machen soll. Der nun folgende Improvisationspart über 17 Takte ist nun wieder am Bebop angelehnt: Schnelle Klavierpassagen, die in keinem tonalen Zusammenhang stehen, erklingen über einer Bass- und einer Ad Libitum-Schlagzeugbegleitung. Die Improvisationen von Kenny Kirkland sind sehr schnell und wirken experimentell, erinnnern eindeutig an Bebop Improvisationen im Stile von Charlie Parker, denn der Klavierpart ist beim Hören kaum noch nachzuvollziehen. Das Stück endet mit einer Wiederholung der Teile B und A. Im Ausklingen der Instrumente ist noch Lachen zu hören, das der Aufnahme ein bisschen die Ernsthaftigkeit nimmt und ein bisschen den Charakter einer für den Jazz typischen Jam Session aufkommen läßt. Auffallend ist an *The dream of the blue turtles* der Gesamtablauf, in dem die Reihenfolge der einzelnen Teile vertauscht wird.

Teil A	Takt 1-8
Teil B	Takt 9-15
Improvisation	Takt 16-32
Teil B	Takt 33-39
Teil A	Takt 40-47

An diesen beiden Stücken wird die neue Arbeitsweise Stings gut deutlich, denn fortan festigt er seinen Ruf, mit verschiedenen Stilen und Genres zu spielen, um Teile aus ihnen in einen Popkontext zu bringen. Die Platte *The Dream of the blue turtles* ist hier als Anfangspunkt einer Reise zu sehen, die heute noch nicht ihr Ende gefunden hat, was in weiteren Analysen deutlich werden soll. Mit seiner ersten Soloplatte hat Sting dann auch großen Erfolg. Sie blieb 64 Wochen in den britischen Charts und hatte mit *If you love somebody* und *Fortress around your heart* zwei respektable Hits. Auch *Russians* wurde sehr populär. Im Anschluß an die Plattenaufnahmen unternahm Sting mit seiner neuen Band eine ausgedehnte Welttournee, während der die Band in mehr als zwölf Monaten ohne Pause die Welt bereiste. Diese Tournee reichte bis weit in das Jahr 1986 hinein. Als Resultat erschien eine Live-Platte mit dem Titel *Bring on the night* und ein gleichnamiger Kinofilm, der die Band während der Vorbereitungen zu der Tournee zeigte. Die Platte verbindet alte Police-Stücke mit dem Material von *The dream of the blue turtles* und zeigt einen neuen Sting, der bedächtiger, emotionaler singt und mit anspruchsvollen Stücken große Hallen in aller Welt ausverkauft. Während dieser Tournee wurde im Jahr 1986 ein Interview mit Sting geführt, das Elemente der vorliegenden Betrachtugen spiegelt und untermauert. Ein Zitat zeigt dies: „... *Es ist eine sehr große Stilbreite in meiner Musik, von Reggae bis Cabaret, von englischer Folksmusik bis zu Jazz und Funk.“*[38] Auf die Feststellung des Interviewers, daß es doch unmöglich sei, komplexe Musik einem mehrere tausend Menschen umfassendes Publikum näher zu bringen und die Musik deswegen stark vereinfacht wurde, entgegnet Sting: *„Einfachheit ist gut. Die meiste großartige Musik ist einfach, wirklich! Sogar großartige klassische Musik. Einfachheit ist Resultat von Vervollkommnung, nicht von Beschränktheit. Wenn jemand meine Musik als einfach bezeichnet, nehme ich das als Kompliment, nicht als Beleidigung.“*[39] An dieser Äußerung wird seine Art Songs zu schreiben deutlich, denn wie schon an den Police-Stücken erkennbar geworden ist, sind die Grundideen und die Arrangements meist sehr einfach und straff gehalten.

Sting ist also zu neuen Ufern aufgebrochen, mit einer neuen Band, neuen Songs und endlich alleiniger Kontrolle der Songs und der Texte. Wie sich diese neue Situation als Solokünstler nach The Police weiterentwickelt, soll nun im folgenden untersucht werden.

---

[38] **Sting, in**: *All that Jazz*, Musikexpress Sounds, Brisas Verlag AG, München, 1986, S.13.

2. Politisches Engagement und neue Stilrichtungen

2.1 Nothing like the Sun

„*My mistress eyes are nothing like the sun*" [40]. Dieses Zitat aus dem Shakespeare Sonett Nr.80 bildet die Basis für den Titel der folgenden Platte aus dem Jahre 1987. Sting untermauert mit ihr einmal mehr den Ruf, ein Reisender durch die verschiedensten Musikrichtungen zu sein und bedient die Bedürfnisse seines Publikums nach unverwechselbaren Melodien und engagierten Texten, die sich auf dieser Platte zu genüge finden. Neu ist an dieser Platte auch die Tatsache, daß Sting sich mehr und mehr für die Politik und die Geschehnisse auf der Welt zu interessieren beginnt. In nie gakanntem Maße spielen Politik und Mißstände auf der Welt eine Rolle in seinen Songtexten und bringen dadurch wiederum neue musikalische Elemente mit sich. Hier sei vor allem auf den Einfluß der südamerikanischen Musik hingewiesen, die sich wie ein roter Faden durch viele Stücke dieses Albums zieht. Sting zitiert aber diesmal auch aus einem anderen musikalischen Genre, dem politischen Kabaret, diesmal mit Musik des deutschen Komponisten Hanns Eisler, dessen Stück *An den kleinen Radioapparat* er mit einem neuen Text versieht. Sting spielt bei dieser Platte wieder mit den gleichen Musikern wie bei *The dream of the blue turtles* zusammen. Nur der Schlagzeuger Omar Hakim wurde durch Manu Katché ersetzt. Sein Schlagzeugstil sollte für die neue Platte wichtig werden, da er sehr perkussiv spielt und so den Einfluß der südamerikanischen Elemente noch unterstreicht. In diesem Zusammenhang ist ebenso der Percussionist Mino Cinelo als Mitwirkender zu nennen. Am Bass gibt es wieder eine Veränderung, den spielt Sting im Studio nun selbst. Während der folgenden Tournee wurde jedoch die Bassistin Tracy Wormworth engagiert, während Sting akustische Gitarre spielte. Im Zentrum der folgenden Betrachtungen soll ein Stück stehen und mit ihm auch politische Hintergründe erklärt werden, die mit dem Unrechtsregime von Chile und dem damaligen chilenischen Präsidenten Pinochet zu tun haben. Wichtig werden auch die in der Mitte der 80'er Jahre

---

[39] **Ebd.**, S.13.

[40] **Shakespeare, William,** *English Poetry- Eine Anthologie für das Studium, 2.Auflage*, Hrsg. Löffler, Späth, Quelle & Meyer Heidelberg, Wiesbaden, 1994, S.38.

weitverbreiteten Wohltätigkeitskonzerte sein, um Stings Engagement für den brasilianischen Regenwald zu erklären, für den er sich längere Zeit stark engagierte. Den Beginn der Betrachtungen soll eine Übersicht über die Entwicklung der Popmusik in der Mitte der 80´er Jahre machen.

2.2 Wohltätigkeitskonzerte

Ein Trend der 80´er Jahre waren Wohltätigkeitskonzerte in der ganzen Welt, die meist verschiedene Ziele verfolgten. Der Anfang dieses Trends bildete im Jahre 1984 die Band Aid aus England, die von Bob Geldorf in´s Leben gerufen worden war. Sie setzte sich aus den damals bekanntesten englischen Popstars zusammen und spielte ein Lied mit dem Titel *Do they know it's christmas time* ein. Die Einnahmen, die durch den Verkaufserlös hereinkamen, wurden für die Hungerhilfe in Afrika verwendet, wodurch etwas Leid gelindert werden konnte. Bob Geldorf soll durch Dokoumentationsaufnahmen aus Afrika auf das unbeschreibliche Leid der afrikanischen Bevölkerung aufmerksam geworden sein, den Hunger und die miserablen Umstände, unter denen Kinder dort aufwachsen müssen und auch die politischen Ungerechtigkeiten, die dieses Leid noch vergrößern. Mit diesem Lied und seinem Engagement hat Bob Geldorf eine noch nicht gekannte Welle von Anteilnahme losgetreten, die auch nach Amerika und Deutschland überschwappte. In Amerika wurde ebenfalls eine Single nach dem englischen Vorbild aufgenommen, der Song hieß *We are the World.* Hier wirkten unter anderen Michael Jackson und Bruce Springsteen mit. In Deutschland wurde die *Band für Afrika* gegründet und spielte den Song *Nackt im Wind* ein. Es folgten viele Konzerte, deren Einnahmen der Organisation von Bob Geldorf gespendet wurden, um Afrika zu unterstützen. Höhepunkt dieser Entwicklung war am 13. Juli 1985 das Live Aid Konzert im Wembley Stadium von London. Es wurde in alle Welt übertragen, von hunderten von Millionen Menschen gesehen und zu einem großen Ereigniss hochgespielt das mit den größten Stars der Welt aufwarten würde, die nicht nur aus dem Popbusiness kamen. Es wirkten beispielsweise auch Liza Minelli und Liz Taylor mit. Neben London fand auch ein Konzert in Amerika statt. Es wurden viele Millionen Dollar für Afrika eingenommen, die natürlich nur ein Tropfen auf den heißen

Stein waren, aber immerhin helfen konnten und zeigten, daß sich viele Menschen für diese Thematik interessierten, insbesondere die Stars, die alle ohne Gage auftraten. Hier muß aber auch scharf getrennt werden zwischen Stars die sicherlich auch aus Publicitygründen mitmachten, und solchen, die wirklich der Sache dienten. Zu diesen gehörte sicherlich Sting, auch wenn durch sein Mitwirken seine Popularität stark anstieg, war er doch im Jahr 1985 ohne The Police und somit mehr als ein Jahr nicht mehr auf Tournee. Er spielte in Wembley alleine nur mit Gitarre, begleitet von Branford Marsalis am Saxophon, abgespeckte Versionen großer Police- Hits. Laut Christopher Sandford stellte sein Auftritt eine der Höhepunkte des Abends dar und das Publikum konzentriert der Musik zuhörte: *„His set was one of the night's show-stopping moments"*[41]. Dieses Konzert stellte den Auftakt für eine Fülle von Aktivitäten Stings für wohltätige Zwecke dar, die er als Künstler und Organisator vorantrieb und so in der Welt von sich reden machte, auch auf politschen Parkett. Sting mußte viel Kritik für diese Aktivitäten einstecken, da viele nicht verstanden, warum er sich als „Retter der Welt" aufspielen mußte. Sting engagierte sich vor allem für die Organisation Amnesty Inernational, der er 1981 beigetreten war. 1986 spielte er noch einmal mit seinen beiden Mitstreitern von The Police bei einem Amnesty-Konzert, was dann auch den absoluten Endpunkt der Karriere von The Police darstellte. Während dieser ersten Konzerte für Amnesty unternahm Sting eine Reise nach Argentinien, bei der er die Bekanntschaft mit einer Gruppe von Müttern machte, die sich selbst die Mütter der Vermißten nannten. Sie führten ihn in ihr Büro, wo mehr als 30 000 Fotografien von Kindern, Jugendlichen, jungen Soldaten und auch erwachsenen Frauen und Männern hingen. Jedes einzelne Foto stand symbolisch für eine vermißte Person, die in Buenes Aires seit mehr als 10 Jahren verschwunden war[42]. Die gleiche Situation erlebte Sting auch in Chile, das zu der Zeit unter dem despotischen System von Pinochet stand. Hier führten die Mütter und Verwandten der Vermißten öffentlich einen Tanz auf, bei dem sie alleine mit den Fotos ihrer vermißten Familienmitglieder tanzten. Dieser Tanz hieß „Gueca Solo". Wie die anderen Musiker war Sting schockiert von der Tatsache, daß

[41] **Sanford, Christopher,** STING-*Demolition Man-Sting,* Little, Brown and Company, London, 1998, S. 161.
[42] **Vgl. Sting, in:** *Human Rights Now*, Fernsehberichterstattung des SWF, 1988.

Menschen in einem Unrechtsregime einfach verschwinden können, ohne daß der Staat davon Notiz nimmt.[43]

Auf der anderen Seite machte Sting auf diesen Reisen auch die Bekanntschaft mit den Indianern des Kayapo Stammes in Brasilien. Er lernte hierbei das andere zentrale Probleme der südamerikanischen Länder kennen: Die Eingriffe in die Umwelt. Die Kayapo-Indianer leben ein sehr einfaches Leben im brasilianischen Regenwald, das sich seit Hunderten von Jahren nicht verändert hat. Sie leben im Einklang mit der Natur, ohne Geld und ohne Technik. Ihr Lebensraum war jedoch stark bedroht von der brasilianischen Wirtschaft, die tagtäglich den Regenwald mehr und mehr durch maßlose Abholzung und Verschmutzung gefährdete. Um diesen Indianern zu helfen, gründete Sting die Rainforest Foundation, die heute noch existiert und ein großes Gebiet im Regenwald retten und erhalten konnte. Die Arbeit für diese Organisation sollte Sting bis in die 90´er Jahre beschäftigen. Höhepunkt seiner wohltätigen Arbeit war zweifelsohne die große Human Rights Now–Tour im Jahre 1988. Diese Tour wurde ebenfalls wieder von Amnesty International organisiert und durchgeführt. Mit Sting gingen Bruce Springsteen, Peter Gabriel, Tracy Chapman und der afrikanische Sänger Youssou N´Dour mit auf diese Tournee, die durch England, Frankreich, Spanien, Südamerika, Indien, Afrika und die USA führte. Auf dieser Tournee spielte Sting den wohl wichtigsten Songs von *Nothing like the sun*, für dessen vollkommenes Verständnis diese gerade gemachten Erklärungen notwendig sind: *They ance alone*. Eine ausführliche Analyse dieses Songs soll folgen. Während dieses Stückes kam immer eine große Gruppe von Müttern vermißter Menschen auf die Bühne, um den „Gueca Solo" zu tanzen. Hiermit wurde wahrscheinlich zum ersten mal in diesem großen Rahmen auf die grauenhaften Schicksale dieser Menschen in Argentinien und Chile aufmerksam gemacht. Die ganze Welt und vor allem die Jugend wußte nun was dort passierte.

Die Folge der Human Rights -Tour war ein extremer Anstieg der Mitglieder von Amnesty International um mehr als Hunderttausend Menschen innerhalb eines Jahres. An diesem Punkt sei noch einmal auf die positive Funktion von Popmusik hingewiesen, die in der Lage ist, Hunderttausende Menschen zu erreichen, sogar Millionen, und dabei auf Mißstände aufmerksam zu machen. In

[43] **Vgl. Sting, in:** Booklett zur Platte *Nothing like the Sun*, A&M Records, 1987, S.1.

diesem Zusammenhang sei auch auf das Konzert zu Nelson Mandelas 70. Geburtstag im Juni 1988 hingewiesen. Es fand im Londoner Wembley Stadium statt und wurde in die ganze Welt übertragen. Der Anteil dieses Konzertes an Mandelas Freilassung ist nicht zu unterschätzen, da sein Fall jetzt eine viel größere Wirksamkeit in der Öffentlichkeit erzielte und Südafrika stärker unter Druck geriet.

Mit diesen Konzerten endete jedoch auch der Trend zu Wohltätigkeitskonzerten in der Popwelt, deren Häufigkeit damals auch ihre Einmaligkeit und Wirksamkeit zerstört hatte, verkamen sie doch schon fast zum Selbstzweck, wie jedoch im folgenden zu sehen sein wird, führte dieser Trend auch zu vielen aussagekräftigen Liedern, deren Themen Menschlichkeit, Würde und Freiheit sind, zu denen *They dance alone* zählt.

2.3 They dance alone

Das Stück *They dance alone* erschien im Jahre 1987 auf der erwähnten Platte *Nothing like the sun* und verbindet Elemente südamerikanischer Musik mit Popelementen, Englisch mit Spanisch und basiert auf den oben beschriebenen politischen Begebenheiten in Chile und Argentinien. *They dance alone* ist mit 7:16 Minuten ungewöhnlich lang für den Titel, wie auch die Besetzung nicht üblich ist für das Stück eines Popsängers. Lateinamerikanische Percussion, zwei Akustigitarrren mit Nylonsaiten, Sopransaxophon und ein Synthesizer mit einem panflötenähnlichen Sound. Durch diese Instrumentierung wird bereits eine Stimmung heraufbeschworen, die subtil und fein ist, ebenso entsteht ein südamerikanisches Klangkolorit, daß sich vor allem im Schlußteil durch einen typischen Sambarhythmus verstärkt.

They dance alone besteht aus Strophe und Refrain, die beide in A-Dur stehen. Charakteristisch für das Stück ist vor allem das Snare Pattern, das am Anfang zu hören ist und im ganzen Song immer wieder auftaucht. Dieses Pattern ist ein typisches Marschpattern, das in der Militärmusik vorkommt. Mit dieser Snaredrum beginnt *They dance alone*, wodurch gleich zu Beginn eine Stimmung evoziert wird, die an Militär und Krieg erinnert.

Notenbeispiel 8

Snare-Pattern aus *They dance alone*

Hierdurch wird der Hörer auf das Thema des Textes eingestimmt, das mit der Kritik an dem Militärregime Pinochets in Chile eindeutig in diese Richtung geht und durch dieses Element unterstützt wird. Die Snaredrum ist höchstwahrscheinlich als Sample aufgenommen wurde. Unter einem Sample versteht man die Aufnahme und Digitalisierung eines kurzen musikalischen Ereignisses, das mit der Synthesizertastatur in unterschiedlichen Tonhöhen abgespielt werden kann. Hierdurch können erstaunliche Effekte erzielt werden. Bei dem vorliegenden Beispiel wird das Sample über die normale Schlagzeugbegleitung gelegt, was in der Realität unspielbar ist. Dadurch entsteht eine Stimmung, die so nur im Studio und durch die Samplingtechnologie oder das Overdubbing zu erreichen ist. Neben dieser Unterstützung des Inhaltes wird durch verschiedene musikalische Mittel eine lateinamerikanische Stimmung erzeugt. Die akustische Gitarre trägt vor allem dazu bei. Die klassische Gitarre gehört zu der Tradition der spanischen und lateinamerikanischen Musik und verbreitet wie kaum ein anderes Instrument Assoziationen it diesen Ländern. Die Gitarrenspuren in *They dance alone* sind technisch nicht anspruchsvoll und werden eigentlich nur als Klangfarben eingesetzt. Sie sind vor allem im Sprachteil ab Takt 107-122 zu hören und erzeugen hier in Korrespondenz mit der spanischen Sprache eine eindringliche, aber auch feine und zerbrechliche Stimmung. Sting hat als Gitarristen für dieses Stück zwei der bekanntesten Gitarrenidole der 80´er Jahre engagiert: Mark Knopfler und Eric Clapton.

Betrachtet man die Strophen, so fällt außer den Gitarren zunächst nichts typisch Lateinamerikanisches auf. Die Schlagzeugbegleitung ist eine typische Popbegleitung mit Achteln auf der HiHat und Rim-Klicks auf jeder Drei, nur im Refrain wird statt des Rim-Klick die Snare verwendet. Einzig die Gitarren und die folkloristisch anmutende Synthesizerstimme verbreiten eine lateinamerikanische Stimmung. Sie schwingt sozusagen immer unterschwellig als Andeutung oder Antizipation auf den Schlußteil mit. Musikalisch auffällig ist auch das Sopransaxophon. Es ist von der Spielweise schon fast klassisch orientiert und erinnert an Oboen. Branford Marsalis spielt sehr geschmackvolle und melodiöse Einwürfe, die dem Stück Anmut und Grazie verleihen, die in dieser Art für Popmusik äußerst selten ist. Wichtig für ein völliges Verständnis des Stückes ist wie auch in vielen vorhergehenden Liedern Stings der Text. Er ist in seiner Einfachheit und Eindringlichkeit sicherlich einer der besten in der Reihe seiner Songtexte. Er handelt von dem oben bereits erwähnten Tanz der Mütter die so ihrer Verzweilung Ausdruck verleihen. Sting baut dieses Text einfach auf. Er berichtet aus der Sicht eines Beobachters, der den Tanz beobachtet und sich daraus ergebende Fragen stellt:

Why are these women here, dancing on their own,
Why is there this sadness in their eyes?
Whey are the soldiers here, their faces fixed like stones
I can't see what they dispise

Das lyrische Ich stellt sich also zunächst naiv Fragen die ihm in den Geist komen, wenn er die Szene beobachtet. In der Bridge werden diese Fragen dann in einer die schreckliche Wahrheit spiegelnden Weise beantwortet:

They're dancing with the missing
They're dancing with the dead
They're dancing with the invisible ones
Their anguish is unsaid
They're dancing with their fathers
They're dancing with their sons
They're dancing with their husbands
They dance alone.

Die Titelzeile *They dance alone* ist somit als Summe zu sehen, die sich aus den politischen Gegebenheiten ergibt. Durch Folter, Mord und Entführung sind diese Frauen alleine und müssen so auch aleine tanzen. Das Kunstvolle an dieser Art

und Weise einen politisch motivierten Text zu schreiben liegt in der Tatsache, daß Sting mit dieser Art zu Schreiben keine politische Agitation betreibt oder zu irgendwelchem sinnlosen Aktonismus aufruft, sondern eine aussagestarke Metapher verwendet, in der alles enthalten ist, was zum Vrständnis der politischen Situation Chiles notwendig ist. Es ist somit ein poetischer Text und kein rein politischer Text. Die einzige Stelle, die konkret Namen zitiert und somit politisch explizit Stellung bezieht ist in der dritten Strophe zu finden.
Hierheißtes

Hey, Mister Pinochet, you've sown a bitter crop.

Dieses direkte Adressat wird jedoch schon am Ende dieser Strophe durch das nochmalige Zitieren der Metapher in bezug auf Pinochet entschärft:

You think of your own mother dancing with her invisible sun

Mit dieser letzten Strophe und Zeile schließt sich der auch textlich der Kreis des Stückes. Zu Beginn war die Rede von den Frauen, die alleine aus Trauer um ihre verlorenen Kinder tanzen. Am Ende soll sich derjenige, der für dieses unsägliche Leid verantwortlich ist, vorstellen, wie es wohl wäre, wen seine Mutter um ihren Sohn aus Trauer tanzen müßte. Durch diese letzte Zeile kehrt der Text wieder zu seinem poetischen Hintergrund zurück und läßt somit den oft schalen und auch peinlichen Beigeschmack von politisch agitativem Text erst gar nicht aufkommen. Außerdem entwickelt die tiefe Wirkung des Textes erst hier ihre volle Tiefe.
Dieser doch traurig zu nennenden Erkenntnis des Textes folgt dann ab Takt 159 der fröhlicche Kontrast, der musikalisch durch lateinamerikanische Rhythmen und Klänge unterstützt wird. Es scheint gerade so, als würde die fröhliche und lebensfrohe Tradition der Südamerikaner über die widrigen politische Umstände siegen. Denn in dem erwähnten Schlußteil ändert sich der normale und lediglich begleitende Rhythmus der Strophen und des Refrains in einen mitreißenden Sambarhythmus mit einem bunten Mix aus den verschiedensten Percussioninsstrumenten: Shaker, Timbales, Congas, Bottles und Udus sind zu

hören. Dieses Element macht das lateinamerikanische Kolorit des Stückes aus und soll im Folgenden näher untersucht werden.
Der Samba ist eine formenreiche Gruppe brasilianischer Tänze, die in schnellem Tempo und geradem Takt gespielt werden. Kennzeichnend für den Samba ist die Synkopierung des Rhythmus.

Notenbeispiel 9

Wichtig beim Samba ist auch die Tatsache, daß Sambalieder häufig einen sozialkritischen Charakter zeigen, der auch literarisch auf hohem Niveau dargeboten wird. Seine Blütezeit hatte der Samba in der Zeit zwischen den 20´er und 40´er Jahren des letzten Jahrhunderts. In dieser Zeit entwickelte er sich auch zu dem Haupttanz des Karnevals in Rio de Janeiro.[44]
Im Vergleich mit dem Schlußteil von *They dance alone* zeigen sich all diese typischen Merkmale des Sambas. Der Rhythmus ist synkopiert, wird in schnellem Tempo gespielt und auch der politische Hintergrund passt zu dem sozialkritischen Charakter des Sambas,
denn der Text zu diesem Schlußteil ist aus dem Refrain entliehen und lautet:

And we´ll dance

Diese Zeile ist die Zusammenfassung des Refrains, der eine Zeit beschreibt, in der alle auf den Gräbern der Mörder tanzen und eines Tages das Lied ihrer Freiheit singen.
Wie sieht nun dieser spezielle Sambarhythmus bei *They dance alone* aus? Die Bassdrum kommt mit einer Achtel auf der ersten Eins und spielt die zweite der folgenden beiden Sechzehntel. Hierdurch kommt ein treibender und tanzender Rhythmus zustande, der zum Tanzen animiert. Die Snaredrum wird ad libitum

---

[44] **Vgl. Meyers Taschenlexikon Musik, Band 3**, Hrsg. Eggebrecht, Hans Heinrich, B.I.-Taschenbuchverlag Mannheim•Leipzig•Wien•Zürich, Mannheim, 1984, S.136f.

gespielt, wobei viele synkopierte Patterns zustande kommen. Die Becken spielen eine typische Sambabegleitung wie sie auch in dem oben genannten Beispiel zu sehen ist. Hier nun die Notation des Rhythmus:

Notenbeispiel 10

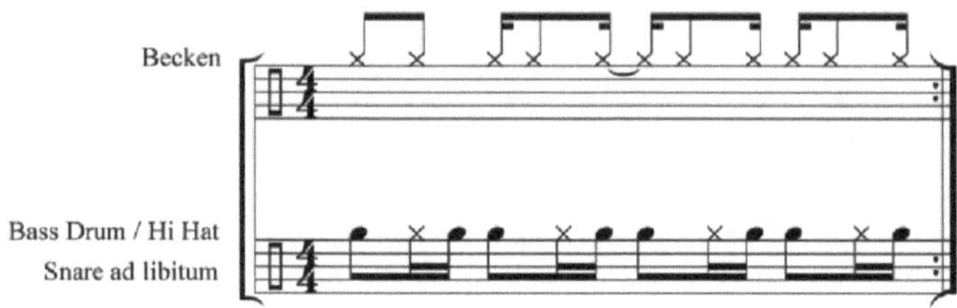

Schlagzeugpattern aus dem Outro von *They dance alone*

An diesem Beispiel ist zu sehen, wie Sting mit den Elementen lateinamerikanischer Musik in *They dance alone* spielt. Ähnlich wie bei Russians kombiniert er hier politische Intentionen mit dem Lokalkolorit des jeweiligen Landes.

Hierdurch bekommen die Stücke eine große Glaubwürdigkeit und Aussagekraft. Die Platte Nothing like the sun spielt auch im weiteren mit solchen Elementen. *Fragile* ist eine Ballade in sehr langsamem Tempo, die wie ein langsamer Samba anmutet und auch von der Instrumentierung an *They dance alone* erinnert. Bei diesem Stück spielt Sting auch selber Gitarre. Auf der Platte sind auch Elemente von Funk, Reggae, Jazz und Rock zu hören, die aber nicht so auffällig zum Tragen kommen und deswegen im Rahmen dieser Arbeit besprochen werden sollllten, da sie nicht mehr von dem Stil Stings zu unterscheiden sind. Es sind vielmehr Spuren verschiedener Stile.

3. Aufbruch in die 90'er Jahre

3.1 Schreibblockade und Phase der Umorientierung

Nach der Platte *Nothing like the Sun* begann für Sting eine Phase die auf der einen Seite von politischem Engagement geprägt war und auf der anderen Seite von nachlassender Kreativität. Sting litt unter einer Schreibblockade und hatte bis zum Jahr 1990 keinen einzigen Song geschrieben. Stattdessen engagierte er sich stark für den brasilianischen Regenwald. Dies tat er erfolgreich: Das Gebiet der Kayapo Indianer wurde vor der Abholzung gerettet. Die Größe des Gebietes entspricht dem der Schweiz. Sting überlegte zu der Zeit, ob er sich nicht aus dem Musikbusiness zurückziehen sollte, da er keine Einfälle mehr hatte und auch von den Strapazen seiner Karriere genug hatte. Außerdem bekam seine Freundin Trudie weitere Kinder, wodurch er sicherlich genug zu tun hatte. Dieser Zustand änderte sich dann im Jahre 1990. Seine Eltern waren mittlerweile beide tot, er war ein etablierter Weltstar und die Regenwaldaktion war mit Erfolg beendet worden. Das Bedürfnis Musik zu schreiben kam wieder in ihm auf. Doch er hatte Probleme mit den Texten. Eigenen Aussagen zufolge konnte er keine Zeile schreiben. Sting setzte sich selber unter Druck, indem er eine neue Band gründete, ähnlich wie im Jahre 1985, als er mit *The Dream of the blue turtles* anfing. Er engagierte drei neue Musiker: Am Schlagzeug Vinnie Colaiuta, an der Gitarre Dominik Miller und am Keyboard David Sancious, allesamt wieder hochkarätige Musiker. Colaiuta spielte früher bei Frank Zappa, Miller u.a. Bei Level 42 und Sancious bei Bruce Springsteen. Mit diesen Musikern entstand dann schließlich die vierte Soloplatte: *The soul cages.*

3.2 The Soul Cages

Sie ist eine sehr düstere Platte, die sich textlich mit Stings Vergangenheit auseinandersetzt. Denn darüber hatte er noch nicht in dieser offenen Form geschrieben. Auf der Platte tauchen immer wieder die Bilder vom weiten Meer und dem Fluß auf, an dem er aufgewachsen ist. Sie werden fast schon fast zu einer Art textlichem Leitmotiv und drücken so der Platte ihren Stempel auf. Auffällig ist darüberhinaus auch ein Rückschritt im Sound in die Vergangenheit von The Police, was sicherlich auch an der kleinen Besetzung der Band lag. Die Platte klingt streckenweise wie eine neue Platte von The Police. Durchsichtige Gitarrensounds, Gitarrensoli und rockige Stücke wechseln sich mit keltisch und folkloristisch inspirierten Balladen ab. Stücke wie *The soul cages* und *All this time* erinnern sehr stark an The Police. Die E-Gitarren spielen das Hauptriff und es sind wieder die typischen Bassriffs zu hören. Auf der folgenden Tournee änderte sich dementsprechend auch der Sound: Die neue Band klang wieder rockig und sehr dynamisch. Mit dieser Band spielte Sting im Kern bis in´s Jahr 2000, solange wie mit keiner seiner anderen Bands. *The soul cages* soll hier nichr so tiefgehend analysiert werden wie die anderen Platten und Stücke, vielmehr soll eine grobe Beschreibung folgen, die versucht darzustellen wie Sting kleine Elemente anderer Stile in diese eigenständig klingende Platte einbaut.

Es gibt zwei Hauptpfeiler, die *The soul cages* kompositorisch ausmachen: Typische Elemente aus dem Pop-Rock und folkloristische Elemente, die von keltischer Musik inspiriert sein könnnten. Schon bei der Betrachtung der Liste der Gastmusiker fällt dies auf. Kathryn Tickell, eine junge schottische Musikerin, spielte die Northumbrian Pipe, ein altes traditionelles Instrument aus Nordhumbrien. Diese Flöte ist direkt zu Beginn der Platte in dem wohl aufwühlendsten Stück der Platte *Island of souls* zu hören einem Stück in dem Sting textlich den Tod und das Leben seines Vaters als Hafenarbeiter verarbeitet und dabei auch seine Heimatstadt Newcastle wörtlich und mit Namen erwähnt. Der Text ist aus der Sicht eines neutralen Erzählers geschrieben, der nüchtern beschreibt, was dem Protagonisten des Textes, Billy und seinem Vater in Newcastle passiert. Auch hier ist wieder einmal ersichtlich, daß Sting seine fast schon typisch zu nennende Arbeitsweise verwendet wie auch bei *Russians* oder

They dance alone. Durch den Einsatz der Flöte wird eine Stimmung geschaffen, die unmissverständlich an den Norden Englands erinnert, den Teil Englands in dem Newcastle liegt. Desweiteren ist auch die Mandoline zu nennen, die Sting selbst spielt. Sie ist in dem zweiten Stück *All this time* zu hören. *All this time* wurde auch mit seiner leichten und ironischen Spielweise ein kleiner Hit. Auch in dem nächsten Sück ist die Mandoline wieder als Melodieinstrument zu hören. Bei *Mad about you* spielt Sting auch den Geschichtenerzähler, indem er eine alte Geschichte aus dem Orient aufgreift, in der es um den Verlust eines geliebten Menschen geht. In diesen drei Stücken sind die auffälligsten Spuren folkloristischer Elemente hörbar, nur werden sie nicht in der reinen Form eingesetzt wie dies Sting früher meist getan hat. Es hat fast den Anschein, als habe er sich mit dieser Platte nun vollkommen emanzipiert: Er kann verschiedene Stile oder Stilelemente in seine Kompositionen noch eleganter einbauen als vorher. Ohne Übertreibung kann man sagen, daß Sting mit *The soul cages* seinen eigenen Stil gefunden hat, der alle in der Arbeit dargestellten Elemente in ausgeklügelter Art und Weise miteinander verbindet. Wirkten bei früheren Platten die Kompositionen oft etwas angestrengt und gewollt, vor allem im Bezug auf die exponierte Verwendung anderer Stilrichtugen, so fließen bei *The soul cages* elegant alle Elemente zusammen. Dies mag auch damit zusammenhängen, daß Sting mit diesen Stücken sein Leben praktisch akzeptiert und endgültig verarbeitet hat, und dies hört man dieser Platte an: Parallelen zum Police Sound, auch durch die Besetzung der Band, Nutzung traditioneller Instrumente und Stile als Klangfarbe und der Mut zu teilweise schrägen Harmonien und für den Pophörer anstrengend zu hörenden Stücken, Charakteristika die Stings Musik bis heute in der ganzen Welt auszeichnen. *The soul cages* wurde in der Öffentlichkeit geteilt aufgenommen. Sandford beschreibt es in seinem Buch *Demolition man* als ein unentschlossenes Album, das sich nicht zwischen Pop und Minimalismus entscheiden kann und zudem einige der schlechtesten Reime und Texte Stings enthält. Die amerikanische Ausgabe des Rolling Stone Magazine beschrieb *The soul cages* als *„highly serious and sonically gorgeous, Sting's most ambitious work-and maybe his best“*[45]. Beide Meinungen haben sicherlich ihre Berechtigung. Seltsame Reime gibt es tatsächlich auf der Platte:

---

[45] **Vgl. Sandford, Christopher**, STING-*Demolition man*, Little Brown and Company, London, 1998, S. 226ff.

Where's the fisherman, where's the goat,
Where's the keeper in his carrion coat

Ebenso ist die Balance zwischen Pop und anspruchsvollen Stücken nicht immer ausgeglichen. Doch auch das sind Charakteristika von Sting: Eine gewisse musikalische Widersprüchlichkeit und auch gestelzt wirkende Texte, die sich manchmal zu sehr dem Reim verschreiben. Trotz allem und trotz der geteilten Kritik ging *The soul cages* in England in der ersten Woche direkt auf Platz Eins der Hitparaden und in Amerika auf Platz Zwei. Insgesamt verkaufte *The soul cages* bis heute insgesamt mehr als fünf Millionen Exemplare und gehört so zu Stings erfolgreichsten Platten.

3.3 Bisherige Ergebnisse bezüglich Stings Solokarriere

Sting hat mit seiner Solokarriere bewiesen, wie intelligent und zielgerichtet er arbeiten kann. Noch mehr als zu Police Zeiten vermischte er geschickt verschiedene Stile miteinander, mußte sich dabei aber nicht mehr wie bei The Police so stark an den vorherrschenden Trends orientieren. So kristallisierte sich bis zu *The soul cages* ganz allmählich der Sting als Solokünstler heraus, der heute eimmer noch viel Zulauf hat und auf eine schier unerschöpfliche Fanbasis zurückgreifen kann. Dieses Publikum verlangt natürlich auch etwas von Sting. Und das was sie von ihm verlangen macht auch seine Persönlichkeit als Musiker aus, die sich während der vier oben behandelten Soloplatten entwickelt hat. In dieser Persönlichkeit sind noch einige der Merkmale des Sting aus Police Zeiten enthalten, einige haben sich sehr verändert. Wichtigstes Merkmal scheint die Kultivierung seines Eklektizismus zu sein. Hat Sting früher Stilrichtungen aus eher trendgerichteten Aspekten in seine Kompositionen eingebaut, so tat er dies ab *The dream of the blue turtles* aus anderen Gründen. Diese waren entweder musikalischer Natur, wie in der Jazzphase Mitte der 80'er Jahre, oder politisch motiviert, wie bei *Russians* oder *They dance alone*. Hierbei erreichte Sting im Laufe der Jahre ein hohes Niveau, der seinen Ruf als der „Intellektuelle“ des

Popbusiness stärkte und festigte. Bezugnehmend auf die gemachten Beobachtungen sind dies folgende Stilrichtungen:

Jazz
Klassische Musik der Neuzeit (Prokovief, Eisler)
Starke Einflüsse lateinamerikanischer Musik und Rhythmen
Minimalistische Herangehensweise an Ideen und Arrangements

Dies sind die aufälligsten Zitate. Neben diesen Stilrichtungen sind konstant Spuren von Soul, Funk und Rock auszumachen, die hier nur erwähnt werden sollen, jedoch nicht durch Analysen nachgewiesen werden, da sie weniger für die Einzigartigkeit seiner Stücke verantwortlich sind. Untrennbar verbunden mit der Musik von Sting sind auch sein politisches Engagement und die zeitkulturellen Konditionen der Welt, in der die Stücke geschrieben wurden. Sie hatten enormen Einfluß auf die spätere Gestalt der Musik. Die oben analysierten Songs beliegen dies.
In den folgenden Jahren nach 1990 mit *The soul cages* änderte sich Stings Arbeitsweise wiederum. Sting begann seine Stücke mehr aus verschiedenen Sichtweisen zu schreiben und verzichtete auf engagierte Songs. Vielmehr ging er dazu über niveauvollen Pop zu kreieren der nicht mehr die emotionale Tiefe der vorhegehenden Platten haben sollte, dafür aber Sting zu einem der nach wie vor erfolgreichsten Live-Acts und Erfolgsgaranten machten. Sting gehört heute zu den wenigen älteren Künstlern, die noch große Hallen füllen können. Wie sich diese Entwicklung musikalisch niedergeschlagen hat, soll nun im letzten Teil der Arbeit dargestellt werden.

4. Etablierung als angesehener Künstler

4.1 Übergang zu leichterer und kommerzieller Schreibweise

Im Jahre 1993 erschien die fünfte Soloplatte von Sting. Sie schlug einen ganz anderen Weg ein als *The soul cages.* Wo bei *The soul cages* noch selbstreflektierende Texte und düstere Bilder regierten, steht bei *Ten Summoners Tales* der Spaß und die Ironie in Form von lupenreinem Pop im Vordergrund. Dies wurde schon durch den Titel indiziert, in dem Anspielungen auf Stings Nachnamen gemacht werden. Sting heißt mit bürgerlichen Nachnamen Sumner, was phonetisch nicht weit von Summoner entfernt ist. Auch die Marschrichtung wurde durch den Titel vorgegeben, denn ein Summoner ist ein englischer Geschichtenerzähler, ähnlich dem deutschen Minnesänger der über das Land gezogen ist, um den Menschen Geschichten darzubringen. Sting sah sich also in der Rolle des Geschichtenerzählers, der in seinen Liedern Begebenheiten und Vorkommnisse zum Besten geben will. Dementsprechend ist auch die Platte aufgebaut. Das erste und zweite Stück laufen im Index unter Prolog und Epilog. Die Platte ist somit eine Sammlung kleiner Geschichten, die als Lieder vorgetragen werden. Die Songinhalte muten auch so an. Sting singt über Ludwig XIV., über erfundene Familiengeschichten und Liebesromanzen. Musikalisch gibt es auf der Platte Pop im besten Sinne zu hören, der gepaart wird mit den unterschiedlichsten Elementen und Stilrichtungen. Es fällt jedoch auf, daß manche Stilzitate lieblos und wie auf Kommando in die Songs aufgenommen wurden. So beispielsweise bei *She´s too good for me*, ein Stück im Stil des Rock´n´Roll der 50´er Jahre, dessen Mittelteil eine Art Rezitativ darstellt wie im Kabaret oder in der Showmusik der 20´er Jahre. Arrangiert ist diese Stelle mit Streichern und einer Fretless-Bassbegleitung, das Tempo wird zurückgenommen. Im Kontext des Stückes erscheint der Teil fast sinnlos und ohne Konsequenz für den Rest des Liedes. Doch so könnte er auch gewollt sein, denn im Text geht es darum, wie ein Mann seiner Frau niemals irgendwas recht machen kann. Im erwähnten Mittelteil überlegt der Mann, wie es wohl wäre, wenn er sie in die Oper einladen würde und sein Ich ihr zuliebe verzerren würde. Das lyrische Ich fragt sich: *I could distort myself to be the perfect man.* Doch die Überlegungen bleiben ohne Ergebnis. Der rezitative Mittelteil endet genauso abrupt wie er begonnen hatte und es geht mit dem Rock´n´Roll weiter. Auch textlich ändert sich nichts, der Frau gefällt immer noch nicht, wie das lyrische Ich handelt. So gesehen ist dieser Mittelteil mit dem Zitat aus der Showmusik oder dem Kabaret stimmig, da er genauso wie der Text ohne Konsequenzen bleibt. Wie die Fragen des lyrischen Ich ist der Mittelteil eine kurze Episode in seiner turbulenten Beziehung. Ebenso gewollt wie dieser Mittelteil wirkt auch das Aufgreifen von Country-Elementen, was Sting auch auf allen folgenden Platten fast schon zu einer Tradition hat werden lassen. Bei dem Stück *Love is stronger than justice* werden typische Country-Elemente mit Pop und Funkelementen gemischt. Auffällig ist vor allem die Tatsche, daß das Stück im 7/4 Takt geschrieben ist, für ein Country-Stück sicher eine recht ungewöhnliche Taktart. Außerdem ist es rhythmisch sehr kompliziert durch viele Synkopen und unkonventionelle Schlagzeugfills aufgebaut, die an vielen Stellen die Ironie und den schwarzen Humor des Textes unterstreichen. Hier soll nun kurz die Schlagzeugbegleitung aus der Strophe dargestellt werden. Solche komplizierten Parts sind auch auf allen nachfolgenden Platten immer wieder zu hören. Sie stehen dann auch meist in ungeraden Taktarten, was in den 90'er Jahren zu einem Markenzeichen von Sting geworden ist.

Notenbeispiel 11

Schlagzeugpattern Strophe *Love is stronger than justice*

Typisch für Ccountrymusic ist zunächst die Gitarre. *Love is stronger than justice* steht in der Introduktion in B-Dur. Die Gitarre spielt hauptsächlich auf der Tonika und wird auf jeder Achtel gespielt, auch sie wird synkopiert gespielt. Fast als ein Countryklischee ist der Gitarrensound und die verwendete Gitarre zu sehen. Es ist aller Wahrscheinlichkeit nach eine Fender Telecaster, die wie schon oben beschrieben die erste E-Gitarre und „die" Country-Gitarre schlechthin ist wegen ihres klaren und höhenbetonten Sounds. Der Sound ist mit Chorus verfeinert und bekommt dadurch noch etwas mehr Klarheit. Der Refrain bringt dann noch ein weiteres typisches Countryelement: Die Pedal Steel Gitarre. Die Pedal Steel wird im Country-Bereich verwendet und kommt ursprünglich aus Hawai. Ihr Hauptcharakteristikum ist ein weicher fließender Klang der immer Legato ist. Der Spieler macht die Töne durch ein sogenanntes Bottle-Neck. Bei einem Bottle-Neck handelt es sich um ein kleines

Metallröhrchen, das vom Spieler über einen Finger der Greifhand gezogen oder aber einfach festgehalten wird. Mit diesem Röhrchen werden nun die Töne mit der Greifhand gespielt. Der Unterschied zur konventionellen Spielweise ist das Rutschen. Denn mit dem Röhrchen kann nur über das Griffbrett gerutscht, nicht aber gegriffen werden. Gespielt wird die Pedal Steel-Gitarre im Sitzen. Im Refrain von *Love is stronger than Justice* ist diese Gitarre zu hören und drückt ihm damit einen dicken Stempel auf der dem Song den unverwechselbaren Countrysound beschert. Im Refrain ändert sich auch die Taktart zu einem 4/4 Takt mit einem plumpen Schlagzeugpart mit der Bass und Snare im Wechsel auf jeder geraden Zählzeit. Die Synkopierungen fallen also weg.

In einer Gesamtbetrachtung des Stückes offenbart sich somit eine mutige Mixtur aus Country und Funk-Rock-Elementen, die ungewöhnlich ist. Auf den folgenden beiden Platten hat Sting regelmäßig mindestens ein Stück dieser Art im Repertoire. Dadurch präsentiert er Country in einer so eher selten gehörten Spielweise. Country wurde für ihn in den 90´er Jahren ein wichtiges Element in seiner Musik. Ein weiteres Charakteristikum für Stings spätere Songs wird in diesem Stück auch vorweggenomen: Ungerade Taktarten. Auf *Ten summoners Tales* sind zwei Stücke in ungeraden Takten zu hören. *Love is stronger than justice* steht im 7/4 Takt und *Seven days*, das im 5/4 Takt steht. Auf der nächsten Platte *Mercury Falling* aus dem Jahre 1996 befinden sich drei solche Stücke: *I Hung my head* steht im 5/4 Takt, *I was brought to my senses* steht im 7/4 Takt und *Twenty five to midnight* auch im 7/4 Takt. Hierzu gibt es auch ein Zitat von Sting aus dem Jahre 2000 aus einem Interview zu der Veröffentlichung der neuen Platte *Brand new day*

„Ich liebe schwierige Rhythmen, bei dnen wir Musier wirklich hart arbeiten müssen. Jemand hat mal gesagt, Pop muß im Vier-Viertel-Takt gehalten sein, ich mag aber die Komplexität. Ich werde weiterhin heftig mit Rhythmen experimentieren...solange, bis es ein Gesetz dagegen gibt!"[46].

---

[46] **Sting, in**: *PPM-Magazin*, PPM-Pole Position Multimedia Verlags GmbH, Willich, 2000, S.11.

4.2 Geschmackvoller und anspruchsvoller Pop

Im ausgehenden 20. Jahrhudert hat sich die Musikszene sehr stark verändert. Wie im ersten Kapitel erwähnt, beherrschten zusehends am Reißbrett entworfene Sternchen den interntionalen Markt und viel Platz für wirklich ernstzunehmende Künstler gibt es kaum noch, und wenn, dann können ie sich meist nicht solange und konstant an der Spitze halten. Dies is jedoch Sting im Jahre 1999 noch einmal gelungen. Mit der Veröffentlichung seines siebten Soloabums mit dem Titel *Brand new day* erreichte er in der ersten Woche die Spitzen der europäischen Hitparaden. Auch Brand new day schöpft stilistisch wieder aus den Vollen. Country, Jazz mit Miles Davis Anleihen, leise Gitarrenstücke oder Soul stecken wieder einmal mehr breite Feld der musikalischer Interessen von Sting ab. Bemerkenswert ist bei dieser Platte, daß er als fast Fünfzigjähriger noch immer kommerziell so erfolgreich sein kann, und das nicht nur bei seinen alten Fans sondern auch bei der jüngeren Generation, für die Sting nichts weiter ist als ein alter Sänger, der in den Achtzigern mal ein paar Hits hatte mit einer Band namens The Police. Bestes Indiz ist der Hit *Desert rose*, der schon in der Einleitung erwähnt wurde. Er ist jetzt schon ein Klassiker geworden, den man überall hören kann. Das Ungewöhnliche an *Desert rose* ist die Mischung von arabischer Musik mit westlichem Pop. Dies geschieht nicht nur musikalisch, sondern auch gesanglich, da Sting mit dem in Frankreich lebenden algerischen Sänger Cheb Mami im Duett singt. Es ist also streckenweise Englisch und Arabisch gleichzeitig zu hören, was den besonderen Reiz des Stückes ausmacht. Im folgenden soll dieser Song untersucht werden und damit die Betrachtungen abschließen.

4.3 Desert rose

Der Song *Desert Rose* wurde 1999 auf der Platte *Brand new day* veröffentlicht und ist nach dem ersten Stück zu hören. Man kann sicherlich sagen, daß *Desert rose* eine der interessantesten Single-Veröffentlichungen des Jahres war und aus dem Mainstream der Hitparaden wohltuend herausragt. Ein Grund dafür ist sicherlich der phantastische Gesang von Cheb Mami, der durch seinen Klang und die fremde Sprache anziehend wirkt und neugierig macht. Desert Rose verbindet mehrere Elemente in sich die den Song modern und stimmungsvoll erscheinen lassen. Zum ersten sind hier moderne Sounds zu nennen, die ihn in ein zeitgemäßes Gewand hüllen, zum zweiten eine sehnsuchtsvolle Melodien, die in Einklang mit dem melancholischen Inhalt stehen und zum dritten verschiedene Stilmittel, die eine orientalische Atmosphäre schaffen, ohne daß harmonisch das westliche Tonsystem verlassen wird. Um die Sounds näher zu deuten und zu verstehen, ist es notwendig, eine der erfolgreichsten Platten der ausgehenden 90´er Jahre zu nennen, die der Popmusik neue Horizonte bezüglich Sounds und Songstrukturen eröffnet hat. Diese Platte ist das 1998´er Album von Madonna *Ray of light*. Dieses Album war das erste Album eines großen Stars das Elemente aus Techno- und Ambient-Musik verwendet hat und damit die Ansprüche an folgende Produktionen sehr hoch geschraubt hat. Vor allem die Sounds des Produzenten William Orbit haben hierzu beigetragen, der mit Hilfe moderner Keyboards und Effektgeräte einen neuen Sound kreiert hat der heute schon als klassisch gilt. *Desert rose* greift solche Elemente auf, ohne dabei aber irgendwie nach der erwähnten Madonna-Platte zu klingen oder klingen zu wollen.

Betrachtet man die Introduktion von Desert Rose, so fallen zwei Ebenen auf, die mit Soundelementen spielen. Die erste ist die Grundebene. Auf dieser Ebene ist eine Sinussequenz eines Synthesizers zu hören. Diese Sequenz wurde mit verschiedenen Echoschleifen und Filtern bearbeitet, die durch gehörsmäßig nicht näher bestimmt werden könen. Das zweite Soundelement sind Rauschbänder unterschiedlicher Frequenzbreite, die auf Drumloops besieren. Unter einem Drumloop versteht man ein bestimmtes Rhythmuspattern eines Schlagzeugs oder einer Drummachine, das in eine sich wiederholende Schleife programmiert wurde. Solche Loops können mit Hilfe moderner Computertechnologie am Bildschirm geschnitten und mit Effekten bearbeitet werden. Bei *Desert rose* wurden diese Loops bis zur Unkenntlichkeit verfremdet durch verschiedene Filter und Echoschleifen geschickt. Der resultierende Sound ist in jedem Takt wechselweise auf der Zweiten und Dritten Zählzeit zu hören. Desweiteren sind in der Introduktion auch noch eine Udu zu hören und ein E-Bass zu hören. Durch das Zusammenspiel der genannten Elemente entsteht ein flirrender und schleppender Klang, der den Rezipienten auf die melancholische Grundnote des Songs einstimmt. Im weiteren Verlauf des Songs erklingt diese Introduktion noch öfters und sorgt so für einen dynamischen Sound. Ab dem sechsten Takt erklingt zu ersten Mal der arabische Gesang von Cheb Mami. Dieser ist am Anfang nicht immer im westlichen Tonsystem angesiedelt, kann an dieser Stelle jedoch nicht näher analysiert werden, da vorher erst arabische Tonsysteme erklärt werden müßten, die in diesem Song ansonsten jedoch nicht zum Tragen kommen. Ein solcher Exkurs ist hier also obsolet. In Takt 17 ist das erste Thema zu hören. Es ist durch Streicher gekennzeichnet und den arabischen Gesang, der inhaltlich das gleiche erzählt wie der Englische: Sehnsucht nach der großen und bisher unerfüllten Liebe. Tonal befinden sich die Töne der Streicher in der äolischen Mollskala von c-moll und verlassen diesen Bereich auch nicht. Der orientalische Duktus kommt also eindeutig vom Gesang. Die Streicher wirken lediglich durch die Intonation orientalisch. In Takt 25 setzt dann Stings Gesang ein und damit ein zweites Gesangsthema, welches das eigentlich führende des Songs ist. Beide Gesangsthemen liegen nun übereinander. Man hört also im Vordergrund den englischen Gesang, während im Hintergrund der Arabische mitläuft. Diese Mischung wiederholt sich das ganze Stück über immer wieder, wodurch eine einmalige Atmosphäre geschaffen wird, die vor allem in den letzten Refrains durch den ad libitum- Gesang von Cheb Mami heraussticht. Um den Ablauf in eine Übersicht zu bringen sollen die unterschiedlichen Gesänge nun in einer Graphik dargestellt werden:

Songteil	Arabisch	Englisch	Streicher
Introduktion			
Thema I			
Thema II			
Strophe I			
Refrain			
Strophe II			
Refrain			
Introduktion			
Interludium			
Strophe III			
Refrain			

Die orientalische Atmosphäre wird desweiteren noch durch die Verwendung verschiedener arabischer Percussion-Instrumente unterstützt. Diesem Instrumentarium stehen typische Instrumente des Rock gegenüber: Schlagzeug, E-Gitarre, E-Bass und eine elektrische Hammond Orgel, die noch eine leicht sakrale Note einbringt. Durch diese Mischung der verschiedenen Instrumente und die Molltonart c-moll entsteht eine sehnsuchtsvolle Stimmung, die emotionale Tiefe besitzt und authentisch wirkt. Textlich schlägt sich dies auch nieder. Sting arbeitet in dem Text mit Bildern aus der Bibel und dem Orient. Es wird der Garten Eden zitiert und die Wüste beschrieben. Das lyrische Ich wendet sich im Refrain an eine unbekannte Geliebte, die so wertvoll und selten wie eine Rose in der Wüste ist. Und offensichtlich hat das lyrische Ich Angst, diese Liebe nicht mehr zu trefffen:

I wake in pain
I dream of love as time runs through my hand

Sting kann auch hier wieder eine stimmige Mischung von Text und Musik mit Lokalkolorit kreieren, wie es schon in den vorangegangenen Anlysen an anderen Beispielen gezeigt wurde.

Mit diesem letzten erfolgreichen Stück aus dem Jahre 2000 sollen die Darstellungen an dieser Stelle enden.

Foto: ***Sting 1987***

5. Zusammenfassung

Sting ist ein in der ganzen Welt angesehener Musiker und Sänger, der mit seiner mittlerweile 25 Jahre andauernde Karriere gezeigt hat, daß man auch im Musikbusiness mit Fleiß, Disziplin und Mut zu Neuem bestehen kann. Sein Weg vom Grundschullehrer zum Star ist sicherlich einer der ungewöhnlichsten im Rockbusiness gewesen, aber auch einer der sehenswertesten. Wie an den Ausführungen klar geworden ist, hat Sting während dieses Weges beim Punk und Rock im London der späten 70′er Jahre angefangen. Mit der Band The Police verstand er es einzelne Stile miteinander zu verbinden und in ein jeweiliges zeitgemäßes Gewand zu hüllen. Wichtig bei den Betrachtungen waren vor allem die Verbindungen von Text und Musik, die in der Popmusik von grundlegender Bedeutung sind, ebenso wie die technische Seite. Aus diesem Grunde machen diese beiden Themenkomplexe einen zentralen Teil der Arbeit aus, denn Popmusik ist mit ihnen untrennbar verbunden. Vor allem die Musikwissenschaft muß diese beiden Aspekte miteinander verbinden, da nur durch eine Sicht auf die Verbindung der Musik-/Textbeziehung in Korrespondenz mit der angewandten Technik ein sinnvolles Verständnis von Pop-/Rockmusik möglich ist. Desweiteren sollte die Arbeit zeigen, daß auch im Rock Musik möglich ist, durch Adaption anderer Stilrichtungen künstlerischer Anspruch gewahrt werden kann. Hier sei noch einmal auf *Russians* und *They dance alone* hingewiesen, zwei Lieder die viel Aufsehen in der ganzen Welt erregt haben und durch ihre stilvolle Bearbeitung heikler Themen bestechen. In diesem Zusammenhang sind auch die soziokulturellen Aspekte wichtig, die bei der Analyse von Rockmusik von großer Bedeutung sein können. Als Beispiel sei noch einmal auf die Hintergründe zu *They dance alone* hingewiesen, ohne die dieses Stück wahrscheinlich niemals entstanden wäre. Deswegen sollte ein solches Stück auch nach sämtlichen Aspekten beleuchtet werden. Erwähnenswert scheint hier auch die Bedeutung der biographischen Hintergründe des jeweiligen Künstlers zu sein. In den Betrachtungen sind deswegen die Darstellungen von Stings Charakterentwicklung und seiner Herkunft ausführlich behandelt worden, da sie Motor einer beispielhaften künstlerischen Entwicklung waren und so Einfluß auf die Musik hatten.

Mit seinen neueren Aufnahmen beweist Sting nicht mehr ganz so viel Mut zu Neuem, kann aber mit geschmackvollen Neuinterpretationen seiner alten Stücke auf dem Album *All this time* von 2001 eine Marke setzen. Nicht zuletzt weil die Aufnahme am 11. September gemacht wurde. Auch die neue Platte Sacred Love wird sicherlich wieder entdeckens- und hörenswertes bereithalten, und qualitativ aus dem Meterwareneinerlei der heutigen Hitparaden und des „Pop Idols" Hype herausragen.

6. Bibliographie

Asriel, Andre, *JAZZ-Aspekte und Analysen*, VEB Lied der Zeit Musikverlag, Berlin, 1985.

Berendt, Joachim Ernst, *Das große Jazzbuch-Von New Orleans bis Jazzrock*, Fischer Taschenbuchverlag, Frankfurt am Main, 1986.

Berendt, Joachim Ernst, *Ein Fenster aus Jazz*, Fischer Taschenbuchverlag, Frankfurt am Main, 1989.

Borris, Siegfried, *Popmusik-Kunst aus Provokation*, Breitkopf & Härtel, Wiesbaden, 1977.

Burbat, Wolf, *Die Harmonik des Jazz*, Deutscher Taschenbuchverlag/ Bärenreiter-Verlag, Kassel, 1994.

Bronson, Marsha, *Sting*, Exley Publications, Watford, 1993.

Budde, Dirk, *Stil und Stilbegriff in populärer Musik*, in: Populäre Musik, Politik und mehr...- Ein Forschungsmedley, Hrsg. Rösing, Helmut; Phleps, Thomas, CODA Musikservice Verlag, Karben, 1998, S.44-60.

Dickreiter, Michael, *Handbuch der Tonstudiotechnik, Band I u. II.*, herausgegeben von der SRT Schule für Rundfunktechnik, K•G•Saur, München, 1997.

Enders, Bernd, *Der Einfluß moderner Musiktechnologien auf die Produktion von Popularmusik*, in: Popmusic-yesterday today tomorrow, Hrsg. Heuger, Markus, Prell, Matthias, ConBrio Verlagsgesellschaft, Regensburg, 1995, S.47-73.

Flender, Reinhard; Rauhe, Hermann, *Popmusik- Aspekte ihrer Geschichte, Funktion, Wirkung und Ästhetik,* Wissenschaftliche Buchgesellschaft, Darmstadt, 1989.

Home Recording ABC, Redaktion Dellmann, Gerald, MM-Musik-Media-Verlags GmbH,Augsburg, 1993.

Jerrentrup, Ansgar, *Entwicklung der Rockmusik von den Anfängen bis zum Beat*, Gustav Bosse Verlag Regensburg, 1981.

Jerrentrup, Ansgar, *Perspektiven für eine überwiegend musikimmanente Betrachtung von Jazz, Rock und Pop*, in: Beiträge zur Popularmusikforschung 7/8, Hrsg. Rösing, Helmut, Hamburg, 1989, S.131-141.

Jost, Ekkehard, *Zur Ökonomie und Ideologie der sogenannten Fusion Music,* in: Jazzforschung, Hrsg. Institut für Jazzforschung an der Hochschule für Musik und darstellende Künste in Graz und Internationale Gesellschaft für Jazzforschung, Akademische Druck- u. Verlagsanstalt, Graz, 1977, S.9-25.

Jost, Ekkehard, *Miles Davis' Milestones als Lehrstück über die Beziehungen zwischen musikalischem Material, Zeitstil und individuellen Ausdrucksmitteln,* in: Beiträge zur Popularmusikforschung 7/8, Hrsg. Rösing, Helmut, Gesamthochschule Kassel, Hamburg, 1989, S.5-16.

Jost, Ekkehard, *Rockszene und Jazzmilieu- Parallelen und Divergenzen*, in. Musikszene heute, Hrsg. Jost, Ekkehard, Schott Verlag, Darmstadt, 1987, S.49-63.

Jung, Carl Gustav, *Über Synchronizität*, in: Grundwerk C.G. Jung, Hrsg. Barz, Helmut; Baumgardt, Ursula; Blomeyer, Rudolf; Dieckmann, Hans; Remmler, Helmut; Seifert, Theodor, Walter-Verlag Olten und Freiburg im Breisgrau, 1984, S.279-291.

Lake, Steve, *All that Jazz*, in: Musik Express Sounds Juni 1986, Brisas Verlag AG, München, 1986, S.11-14.

Löffler, Arno; Späth, Eberhard, *English Poetry- Eine Anthologie für das Studium*, Quelle & Meyer Heidelberg•Wiesbaden, Wiesbaden, 1994, S.33-40.

Maas, Georg, *Ein Spiel der Sinnlichkeit, durch den Verstand geordnet. Zum Verhältnis von Text und Musik in einigen Pop-/Rocktiteln*, in: Beiträge zur Popularmusikforschung 7/8, Hrsg. Rösing, Helmut, Gesamthochschule Kassel, Hamburg, 1989, S.33-45.

Meyers Taschenlexikon Musik in drei Bänden, Hrsg. Eggebrecht, Hans Heinrich, B.I.-Taschenbuchverlag, Mannheim•Leipzig•Wien•Zürich, Mannheim, 1984.

The Police, Begleitheft zur Vierer CD-Box *Message in a box*, A&M Records Ltd., London, 1993.

Sandford, Christopher, STING-*Demolition man*, Little, Brown and Company, London, 1998.

Schmitz, Alexander, *Das Gitarrenbuch- Geschichte, Instrumente, Interpreten*, Wolfgang Krüger Verlag, Frankfurt am Main, 1982.

Scholz, Martin, *Der Punk der frühen Jahre,* in: Rolling Stone Magazine Oktober 1999, DRS Verlag Worldwide Music Management, Hamburg, 1999, S.49-53.

Sting, Begleitheft zur LP *Nothing like the sun*, A&M Records Ltd., London, 1987.

Notentexte

Marley, Robert Nesta, *1945-1981 Ten Greatest Hits*, Wise Publications, London, 1981, S.6-10.

The Police, *Message in a box- The complete transcriptions I-IV*, Wise Publications, London, 1996.

Sting, *STING- The Anthology*, Wise Publications, London, 1991.

Sting, *The dream of the blue turtles*, Hal Leonhard Publishing Corporation, Milwaukee, 1986.

Sting, CD Begleitheft zur Platte *The dream of the blue turtles*, A&M Records Ltd., 1985.

7. Discographie, Videos und Fernsehberichte

Plattenveröffentlichungen:

Mit THE POLICE:

Outlandos d´amour	(A&M 1978)
Regatta de blanque	(A&M 1979)
Zyniatta mondatta	(A&M 1980)
Ghost in the machine	(A&M 1981)
Synchronicity	(A&M 1983)
Greatest Hits	(A&M 1986)

STING als Solokünstler:

The dream of the blue turtles	(A&M 1985)
Bring on the night	(A&M 1986)
Nothing like the sun	(A&M 1987)
Nada como el sol	(A&M 1987)
The soul cages	(A&M 1990)
Ten summoner tales	(A&M 1993)
Mercury falling	(A&M 1996)
Brand new day	(A&M 1999)
Sacred Love	(A&M 2003)

Videos

The Police, *From Outlandos to Synchronicities- A history of The Police live*, Polygram Video, 1995.

Sting, *Summoner´s travels*, Polygram Video, 1995.

Sting, *Unplugged*, Polygram Video, 1992.

Fernsehberichte

Berichterstattung des SWF über die Human Rights Now-Tour, SWF, 1988.

Portrait über Sting im Norddeutschen Rundfunks zur Veröffentlichung der Platte *Mercury falling*, NDR, 1996.

Zeitfracht Medien GmbH
Ferdinand-Jühlke-Straße 7
99095 Erfurt, Deutschland
produktsicherheit@kolibri360.de